Andrew Murray

Warten auf Gott

Quelle geistlichen Segens

Hänssler-Verlag
Neuhausen-Stuttgart
Jugend mit einer Mission e.V.
8931 Hurlach

Das Zitieren von Bibelstellen erfolgte mit Genehmigung der Deutschen Bibelstiftung in der Regel nach: Die Bibel oder die ganze Heilige Schrift des Alten und Neuen Testaments nach der Übersetzung von Martin Luther; Canstein-Bibel; Luthertext 1964/75; Stuttgart (1978). Wo gelegentlich Verse in Anlehnung an den Luthrtext bearbeitet oder in direkter Übersetzung des englischen Originals wiedergegeben wurden, ist dies durch * kenntlich gemacht.

CIP-Kurztitelaufnahme der Deutschen Bibliothek
Murray, Andrew:
Warten auf Gott: Quelle geistl. Segens/ Andrew Murray.
Aus d. Engl. übers. von Ulrike Krallmann.
Neuhausen-Stuttgart: Hänssler, 1980
(TELOS-Bücher; Nr. 1195: TELOS-Paperback)
Einheitssacht.: Waiting on God «dt.»

ISBN 3-7751-0542-5 (Hänssler-Verlag, Neuhausen-Stuttgart)
ISBN 3-88076-014-4 (Jugend mit einer Mission e.V. Hurlach)

Originaltitel: Waiting on God
Erschienen bei Lakeland, 116 Baker Street, London W1M 2BB (1968/74)
Aus dem Englischen übersetzt von Ulrike Krallmann
Umschlaggestaltung: Philippe M. Guignard
Gesamtherstellung: Jugend mit einer Mission in Deutschland e.V., Schloß Hurlach, D-8931 Hurlach
Herausgeber der deutschen Auflage: Hänssler-Verlag, Neuhausen-Stuttgart
Jugend mit einer Mission e.V. Hurlach

TELOS-Paperback Nr. 1195

Vorwort

Einer breiteren Öffentlichkeit den gesegneten Gottesmann Andrew Murray vorstellen und ihr seine Betrachtungen zum Warten auf Gott zugänglich machen zu dürfen, stellt ein besonderes Vorrecht dar.

Wenn auch der Verfasser sich wünschte, daß er jene seiner Texte, die von "Eile und Ungeschliffenheit" gekennzeichnet sind, noch einmal hätte überarbeiten können, so tut dies doch dem äußerst wertvollen Gehalt seiner Ausführungen keinen Abbruch. Trifft seine Überzeugung zu, der Schlüssel zu jedem geistlichen Problem sei im vermehrten Warten auf Gott zu finden, dann gehört der Inhalt des vorliegenden Buches zur zentralen Thematik allen biblischen Christseins.

Der Herausgeber

Auszug aus einer Ansprache in Exeter Hall (31. Mai 1895)

Nichts hat mich mehr überrascht als die Briefe, die mich aus allen Teilen der Welt von Missionaren und anderen hingegebenen Männern und Frauen erreichten, die bekannten, wie sehr sie in ihrer Arbeit auf Hilfestellung angewiesen sind zu einer tieferen und deutlicheren Einsicht in alles, was Christus für sie sein könnte. Wenden wir uns zu Gott, damit Er sich in Seinem Volk offenbare in einem Maße, das sehr wenige bisher kennengelernt haben. Laßt uns von unserem Gott große Dinge erwarten. In all unseren Versammlungen und Zusammenkünften wird zu wenig Zeit darauf verwandt, auf Gott zu warten. Ist Er nicht willens, Dinge recht zu ordnen auf Seine eigene göttliche Weise? Hat das Leben des Volkes Gottes die äußerste Grenze dessen erreicht, was Gott zu tun bereit ist? Sicherlich nicht. Wir wollen auf Ihn warten - unsere Erfahrungen beiseite legen, wie gesegnet sie auch waren; unsere Vorstellungen von Wahrheit, und wenn sie unserem Denken noch so vernünftig und schriftgemäß erscheinen; unsere Pläne, wie nötig und passend sie auch aussehen - und Gott Zeit und Raum geben, uns zu zeigen, was Er tun könnte, was Er tun will. Gott hat neue Entwicklungen und neue Quellen. Er kann neue, noch nie gehörte, verborgene Dinge tun. Wir wollen unsere Herzen weiter öffnen und Ihn nicht begrenzen. "Als du herabkamst, tatest du furchtbare Dinge, die wir nicht erwarteten; die Berge zerflossen vor deiner Gegenwart."*

A.M.

Vorwort des Verfassers

Bevor ich im vergangenen Jahr mein Zuhause verließ, um nach England zu reisen, beschäftigte mich stark der Gedanke, wie sehr wir in unserem gesamten persönlichen und öffentlichen geistlichen Leben mehr von Gott brauchen. Ich fühlte, wie nötig es war, unsere Gemeinden in ihrer Anbetung dahingehend anzuleiten, mehr auf Gott zu warten, und die Entwicklung eines tieferen Empfindens Seiner Gegenwart, eines unmittelbareren Kontaktes mit Ihm, der völligen Abhängigkeit von Ihm, zu einem erklärten Ziel unseres Dienstes zu machen. Während eines 'Begrüßungsfrühstücks' in Exeter Hall brachte ich diesen Gedanken im Zusammenhang mit unserer gesamten religiösen Arbeit ganz schlicht zum Ausdruck. An anderer Stelle erwähnte ich bereits, daß ich von der Reaktion darauf überrascht war. Ich erkannte, daß Gottes Geist dasselbe Verlangen in vielen Herzen geweckt hatte.

Die persönlichen und öffentlichen Erfahrungen des letzten Jahres haben diese Überzugung erheblich verstärkt. Es ist mir, als ob ich selbst erst beginne, die tiefsten Wahrheiten im Hinblick auf Gott und unsere Beziehung zu Ihm zu sehen, die in diesem Warten auf Gott begründet liegen, und in wie geringem Maße sein Geist unser Leben und unsere Arbeit umgeben hat. Die folgenden Seiten sind das Ergebnis meiner Überzeugung und meines Wunsches, die Aufmerksamkeit des ganzen Volkes Gottes auf das eine wunderbare Heilmittel für unsere Nöte zu lenken. Mehr als die Hälfte der Betrachtungen wurden an Bord eines Schiffes geschrieben; ich befürchte daher, man kann ihnen Eile und Ungeschliffenheit anmerken. Als ich sie durchsah, merkte ich, daß ich sie wohl noch einmal schreiben möchte. Dies ist mir aber jetzt nicht möglich. So gebe ich sie heraus mit dem Gebet, daß Er, der sich gerne des Schwachen bedient, Seinen Segen auf sie legen möge.

Ich weiß nicht, ob es mir möglich sein wird, in wenigen Worten die Hauptpunkte zu nennen, die wir lernen müssen. Aber was ich hier sagen möchte, ist dies: Der große Mangel unseres geistlichen Lebens ist, *daß wir Gott nicht kennen.* Die Antwort auf jede Klage über Schwachheit und Versagen, die Botschaft an jede Gemeinde und Zusammenkunft, die nach Lehre über Heiligkeit sucht, sollte schlicht heißen: Wo fehlt's? - *habt ihr nicht Gott?* Wenn ihr wirklich an Gott glaubt, wird Er alles wohl machen. Gott will und kann es durch Seinen Heiligen Geist. Hört auf, auch nur das Geringste von euch selbst oder von menschlicher Hilfe überhaupt zu erwarten, und unterstellt euch völlig dem, was Gott in euch tun will: Er wird alles für euch tun.

Wie einfach sieht das aus! Und doch ist dies die frohe Botschaft, die wir so wenig kennen. Ich schäme mich, diese unvollkommenen Betrachtungen weiterzugeben, ich kann sie nur der Liebe der Brüder und der Liebe Gottes anvertrauen. Möge Er sie benutzen, uns alle näher zu sich zu ziehen, damit wir durch Übung und Erfahrung die gesegnete Kunst erlernen, *nur auf Gott zu warten.* Gebe Gott, daß wir eine rechte Vorstellung davon bekommen, welchen Einfluß dieses Warten auf ein Leben ausüben kann, das nicht im Nachdenken, in Vorstellungen oder Bemühungen verbracht wird, sondern in der Kraft des Heiligen Geistes, im völligen Warten auf Gott. Mit meinen Grüßen in Christus an alle Heiligen Gottes, die zu treffen mein Vorrecht war, und nicht weniger an alle, denen ich nicht begegnet bin, unterzeichne ich als euer Bruder und Diener.

Andrew Murray

Inhalt

Warten auf Gott

Erster Tag

Warten auf Gott
- den Gott unserer Errettung

*"Meine Seele wartet nur auf Gott; von ihm kommt meine Errettung." (Psalm 62,1)**

Wenn die Errettung tatsächlich von Gott kommt und vollständig Sein Werk ist, so wie es auch bei unserer Erschaffung der Fall war, folgt ganz natürlich daraus, daß es unsere erste und höchste Pflicht ist, auf Ihn zu warten und die Arbeit zu tun, die Ihm wohlgefällt. Somit wird das Warten zur einzigen Möglichkeit, eine völlige Errettung zu erfahren, zur wirklich einzigen Weise, Gott als den Gott unseres Heils kennenzulernen. Alle Schwierigkeiten, die als Hindernisse für die vollständige Errettung angeführt werden, haben ihre Ursache in diesem einen Tatbestand: der unzulänglichen Kenntnis und mangelnden Praxis des Wartens auf Gott. Alles, was die Kirche und ihre Glieder zur Manifestation der mächtigen Kraft Gottes in der Welt benötigen, ist die Rückkehr in die Stellung, die uns eigentlich zukommt - sowohl in der Schöpfung als auch in der Erlösung - den Platz der absoluten und unaufhörlichen Abhängigkeit von Gott. Laßt uns bemüht sein, die Elemente zu erkennen, aus denen das höchst segensreiche und nötige Warten auf Gott besteht. Das mag uns helfen, die Gründe zu entdecken, warum diese Tugend so wenig kultiviert wird, und zu spüren, wie unendlich wünschenswert es ist, daß die Kirche, daß wir selbst um jeden Preis ihr gesegnetes Geheimnis kennenlernen.

Die tiefere Notwendigkeit für dieses Warten auf Gott liegt

gleichermaßen in der Natur des Menschen und dem Wesen Gottes begründet. Er formte als Schöpfer den Menschen zu einem Gefäß, in dem Er Seine Macht und Güte zeigen konnte. Der Mensch sollte nicht in sich selbst eine Quelle des Lebens, der Stärke oder des Glücks besitzen; der Ewige und allein Lebendige selbst sollte in jedem Augenblick der Vermittler alles dessen sein, wessen er bedurfte. Ruhm und Seligkeit des Menschen sollten nicht darin bestehen, unabhängig oder auf sich selbst gestellt, sondern auf einen Gott solch unbegrenzter Reichtümer und Liebe angewiesen zu sein. Der Mensch sollte die Freude haben, jeden Augenblick aus der Fülle Gottes zu empfangen. Das begründete sein Glück vor dem Sündenfall.

Als er sich von Gott lossagte, war er umso mehr von Ihm abhängig. Es gab für ihn nicht die geringste Hoffnung, aus seinem Todeszustand wiederbelebt zu werden außer durch Gott, Seine Kraft und Barmherzigkeit. Gott allein begann das Werk der Erlösung, Er allein setzt es fort und führt es zu jedem Augenblick in jedem einzelnen Gläubigen weiter. Sogar der wiedergeborene Mensch besitzt in sich keine Kraft zum Guten: er hat nichts und kann nichts haben, was er nicht jeden Moment empfängt. Warten auf Gott ist ebenso unerläßlich und muß genauso anhaltend stattfinden wie das Atmen, das das natürliche Leben aufrechterhält.

Weil Christen ihre Beziehung zu Gott nicht als eine absoluter Armut und Hilflosigkeit erkennen, haben sie kein Gespür für die Notwendigkeit völliger und steter Abhängigkeit sowie für den unaussprechlichen Segen beständigen Wartens auf Gott. Doch sobald ein Gläubiger zu sehen und zu bejahen beginnt, daß er durch den Heiligen Geist jederzeit empfangen muß, was Gott in jedem Augenblick bewirkt, wird das Warten auf Gott seine strahlenlendste Hoffnung und Freude. Indem er begreift, wie Gott als Gott, als unendliche Liebe, Freude daran hat, Seinem Kind soweit wie möglich an Seiner Natur Anteil zu geben; wie Gott nicht müde wird, in jedem Moment über sein Leben und seine Kraft zu wachen, wundert er sich, daß er sich Gott je anders vorstellte als einen Gott, auf den man den ganzen Tag warten soll. Gott, der unaufhörlich gibt und wirkt und Sein Kind, das beständig wartet und empfängt - dies ist das Leben im Segen.

"Wahrlich, meine Seele wartet auf Gott; von ihm kommt

meine Errettung.“ Zuerst warten wir auf Gott für Errettung. Dann lernen wir, daß diese nur dazu dient, uns zu Gott zu bringen und uns zu lehren, auf Ihn zu warten. Danach finden wir heraus, was noch besser ist, daß Warten auf Gott selbst die höchste Errettung ist. Es bedeutet, Ihm die Ehre zuzuschreiben, alles zu sein, und die Erfahrung zu machen, daß Er für uns alles ist. Möge Gott uns den Segen des Wartens auf Ihn lehren.

“Meine Seele, warte du nur auf Gott.“

Zweiter Tag

Warten auf Gott
- das Grundthema alles Lebens

"Herr, ich warte auf dein Heil!" *(1. Mose 49,18)*

Es ist nicht leicht, genau den Sinn festzustellen, in welchem Jakob diese Wort inmitten der Prophezeiungen über die Zukunft seiner Söhne gebraucht hat. Mit Sicherheit aber weisen sie darauf hin, daß er seine Erwartungen für sich selbst und seine Söhne allein auf Gott setzte. Gottes Heil war es, worauf er wartete, ein Heil, das Gott verheißen hatte und das Er allein schaffen konnte. Jakob wußte sich selbst und Seine Söhne unter Gottes Obhut. Jahwe, der ewige Gott, würde an ihnen erweisen, was Seine rettende Kraft ist und tut . Diese Worte deuten voraus auf die wunderbare Geschichte der Erlösung, die noch nicht abgeschlossen ist, und auf die herrliche Zukunft in der Ewigkeit, wohin sie führt. Sie erinnern uns, daß es kein Heil außer Gottes Heil gibt und unser Warten darauf vor Gott - ob für unsere persönliche Erfahrung oder in Gemeinschaft mit anderen unsere erste Pflicht, unser wahres Glück darstellt.

Denken wir an uns selbst und die unfaßliche, wunderbare Errettung, die Gott für uns in Christus erwirkt hat und die Er nun in uns auszuformen und durch den Heiligen Geist zu vervollkommnen sucht. Meditieren wir darüber, bis wir etwas davon erkennen, daß jede Teilhabe an diesem wunderbaren Heil von Augenblick zu Augenblick das Werk Gottes selbst sein muß. Gott kann sich nicht von Seiner Gnade, Güte oder Stärke trennen wie von äußerlichen Dingen, die Er uns gibt, wie z.B. Regentropfen vom Himmel. Nein; Er kann sie nur schenken, und wir können uns nur daran freuen, indem Er sie selbst direkt und ununterbrochen bewirkt. Der einzige Grund, daß Er dies nicht wirksamer und beständiger tut, liegt darin, daß wir Ihm nicht die Möglichkeit dazu geben. Wir hindern Ihn durch Gleichgültigkeit oder eigene Anstrengungen, so daß Er nicht tun kann, was Er möchte. Was Er im Hinblick auf Unterordnung, Gehorsam, Wünschen und Vertrauen von uns verlangt, ist in diesem einen Gedanken zusammengefaßt: Warten auf Ihn, Warten auf Sein Heil. Er verbindet das tiefe Bewußtsein unserer völligen Unfähigkeit, selbst das zu bewirken, was göttlich gut ist, mit unserem vollkommen Vertrauen, daß unser Gott dies alles in Seiner göttlichen Kraft schaffen wird.

Noch einmal: Denken wir über die göttliche Herrlichkeit des Heils nach, das Gott in uns zur Entfaltung bringen möchte, bis wir die darin enthaltene Wahrheit kennen. Unser Herz ist der Schauplatz eines göttlichen Handelns, das wunderbarer als die Schöpfung ist. Zu diesem Werk können wir ebensowenig beitragen wie zur Erschaffung der Welt, es sei denn, Gott bewirkt in uns das Wollen und Vollbringen. Gott erwartet von uns nur, daß wir uns unterordnen, zustimmen und auf Ihn warten, und Er wird alles ausführen. Laßt uns darüber nachdenken und stille sein, bis wir sehen, wie angemessen, richtig und gesegnet es ist. daß allein Gott alles tut. Dann wird unsere Seele von selbst in große Demut sinken und sagen: "Herr, ich warte auf dein Heil", und die gesegnete Grundlage all unseres Betens und Arbeitens wird sein: "Wahrlich, meine Seele wartet auf Gott."

Die Anwendung dieser Wahrheit auf andere Kreise, in denen wir arbeiten oder für die wir beten, auf die Kirche Christi um uns oder in der ganzen Welt, ist nicht schwierig. Es kann nichts Gutes geben, es sei denn, Gott wirkt es; unsere einzige Weisheit besteht im Warten auf Gott, einem Herzensvertrauen in Sein Handeln und in diesem Vertrauen dafür zu beten, daß Seine mächtige Kraft herniederkommt. Oh, möchten die Augen unseres Herzens geöffnet werden, um Gottes Wirken in uns und anderen zu sehen und zu erkennen, wie gesegnet es ist, Ihn anzubeten und auf Sein Heil zu warten.

Unser privates und öffentliches Gebet ist die Hauptausdrucksform unserer Beziehung zu Gott; hier muß unser Warten auf Ihn vor allem praktiziert werden. Wenn unser Warten damit beginnt, äußerliche Aktivitäten zur Ruhe zu bringen und stille vor Gott zu sein; wenn es demütig danach trachtet, Gott, der allein fähig und immer bereit ist, alles Gute zu tun, in Seinem universalen und allmächtigen Handeln zu sehen; wenn es sich Ihm unterstellt in der Gewißheit, daß Er an uns wirkt und wirken wird; wenn es in Demut und Stillesein verharrt und sich ausliefert, bis Gottes Geist den Glauben erweckt hat, daß Er Sein Werk vollenden wird - dann wird das Warten auf Gott zur Stärke und Freude der Seele werden. Das Leben wird zu einem glücklichen Ausruf: "Herr, ich warte auf dein Heil!"

"Meine Seele, warte du nur auf Gott."

Dritter Tag

Warten auf Gott
- die angemessene Stellung des Geschöpfes

"Es warten alle auf dich, daß du ihnen Speise gebest zur rechten Zeit. Wenn du ihnen gibst, so sammeln sie, wenn du deine Hand auftust, so werden sie mit Gutem gesättigt."
(Psalm 104,27.28)

Dieser Psalm, ein Lob auf den Schöpfer, spricht von Vögeln, wilden Tieren, jungen Löwen, dem Menschen, der an seine Arbeit geht, vom weiten Meer, in dem es von unzähligen großen und kleinen Tieren wimmelt. Und die gesamte Beziehung aller Schöpfung zu ihrem Schöpfer sowie ihre beständige und allumfassende Abhängigkeit von Ihm faßt er zusammen in dem einen Satz: "Es warten alle auf dich". Genauso, wie es Gottes Werk war zu erschaffen, ist es Sein Werk, am Leben zu erhalten. Ebensowenig wie das Geschöpf sich selbst erschaffen konnte, muß es für sich selbst sorgen. Die ganze Schöpfung wird von dem einen unabänderlichen Gesetz regiert: *Warten auf Gott*!

Obiger Satz ist der schlichte Ausdruck für den Grund, aus dem allein das Geschöpf in Existenz gerufen wurde, für die eigentliche Grundlage seines Wesens. Als Gott den Geschöpfen Leben gab, hatte Er das eine Ziel, in ihnen Seine Weisheit, Macht und Güte zu erweisen, indem Er zu jedem Augenblick ihr Leben und Glück war, und auf sie - je nach ihrem Vermögen - die Reichtümer Seiner Güte und Kraft auszuschütten. Und so wie es der wahren Stellung und dem Wesen Gottes entspricht, unablässig jedem Bedürfnis des

Geschöpfes zu begegnen, so bestehen Stellung und Wesen der Kreatur in nichts anderem, als auf Gott zu warten und von Ihm das zu empfangen, was nur Er allein geben kann und was Er freudig gibt.

Wenn wir in diesem kleinen Buch überhaupt verstehen wollen, was das Warten auf Gott, sein Praktizieren und Segen für einen Gläubigen bedeuten sollen, so ist es wichtig, ganz am Anfang zu beginnen und zu sehen, wie vernünftig der Ruf ist, der uns trifft. Wir werden verstehen, daß diese Aufgabe kein willkürlicher Befehl ist, und erkennen, wie sie nicht nur durch unsere Sünde und Hilflosigkeit nötig geworden ist. Sie bedeutet schlicht und einfach, daß wir wieder zur Übereinstimmung mit unserer ursprünglichen Bestimmung und höchsten Würde gelangen, zur wahren Stellung und Ehre, als Geschöpfe, die in segensreicher Abhängigkeit vom allein herrschenden Gott stehen.

Wenn erst einmal unsere Augen für diese kostbare Wahrheit geöffnet sind, wird die gesamte Natur zu einer Predigt und uns an die Beziehung erinnern, die in der Schöpfung begründet liegt und jetzt in der Gnade wieder aufgenommen wird. Wenn wir diesen Psalm lesen und lernen, die Natur als ständig von Gott aufrechterhalten zu betrachten, wird uns das Warten auf Gott als dringende Lebensnotwendigkeit erscheinen. Wenn wir an die jungen Löwen und Raben denken, die zu Ihm schreien, an Vögel, Fische und Insekten, die auf Ihn warten, bis Er ihnen Speise gibt zur rechten Zeit, werden wir feststellen: eben das ist Wesen und Ruhm Gottes, ein Gott zu sein, auf den man warten soll. Jeder Gedanke daran, was die Natur und wer Gott ist, verstärkt nur den Ruf: "Warte du nur auf Gott."

"Es warten alle auf dich, daß du ihnen ... *gebest*." Es ist Gott, der alles gibt: nehmen wir diesen Glauben tief in unsere Herzen auf. Ehe wir noch alles im Warten auf Gott Inbegriffene völlig verstehen, ehe wir es zur Gewohnheit haben entwickeln können, wollen wir diese Wahrheit in unsere Seele einschreiben: Warten auf Gott - beständig und in völliger Abhängigkeit von Ihm - ist im Himmel und auf Erden die einzig wahre Religiosität, der eine unveränderliche und allumfassende Ausdruck für die echte Beziehung zu dem Einen, in dem wir leben.

Entschließen wir uns sofort, das stete, demütige und wahrhafte Warten auf Gott zu einem Merkmal unseres Lebens und unserer Anbetung zu machen. Wir können versichert sein, daß Er, der uns für sich schuf, damit Er sich für uns und in uns geben könne, uns nie enttäuschen wird. Im Warten auf Ihn finden wir Ruhe, Freude und Stärke sowie die Versorgung mit allem Nötigen.

"Meine Seele, warte du nur auf Gott."

Vierter Tag

Warten auf Gott

- für Versorgung

"Der Herr hält alle, die da fallen, und richtet alle auf, die niedergeschlagen sind. Aller Augen warten auf dich, und du gibst ihnen ihre Speise zur rechten Zeit."
(Psalm 145, 14.15)

Psalm 104 ist ein Schöpfungspsalm, und die Worte *"Es warten alle auf dich"* bezogen sich auf die Tierwelt. Hier haben wir einen Psalm über das Königreich, und *"Aller Augen warten auf dich"* scheint besonders auf die Bedürfnisse der Heiligen Gottes hinzuweisen, auf alle, die fallen und niedergeschlagen sind. Was das Universum und die Tiere unbewußt tun, soll das Volk Gottes mit Verständnis und freiwillig ausführen. Der Mensch soll die Natur interpretieren. Seine Aufgabe ist zu beweisen, daß es nichts Edleres und Gesegneteres in der Ausübung unseres freien Willens gibt, als ihn zum Warten auf Gott zu benutzen.

Wenn eine Armee den Marschbefehl in Feindesland erhalten hat und die Nachricht kommt, daß sie nicht weiter vorrückt, wird sofort nach der Ursache des Aufschubs geforscht. Oft lautet dann die Antwort: 'Warten auf Versorgungsgüter'. Alle nötigen Vorräte an Nahrungsmitteln, Kleidung und Munition sind nicht eingetroffen, und ohne sie wagt man nicht weiterzuziehen. Im Christenleben ist es nicht anders: Tag für Tag, bei jedem Schritt, brauchen wir unsere Versorgung von oben. Und nichts ist so notwendig wie das Entwickeln jener Haltung der Abhängigkeit von Gott und des

Vertrauens in Ihn, welche sich weigert, ohne die erforderliche Ausrüstung mit Gnade und Stärke weiterzugehen.

Wenn nun die Frage gestellt wird, ob dies denn etwas anderes sei als unser normales Gebet, heißt die Antwort, daß es viel Gebet, aber sehr wenig Warten auf Gott geben kann. Beim Beten sind wir oft mit uns selbst beschäftigt, mit unseren eigenen Nöten und unserem Bemühen, sie darzustellen. Beim Warten auf Gott gilt der erste Gedanke dem *Gott, auf den wir warten.* Wir kommen in Seine Gegenwart und spüren die Notwendigkeit, einfach still zu sein, so daß Er, als Gott, uns mit sich selbst überschatten kann. Gott sehnt sich danach, sich zu offenbaren und uns mit sich zu erfüllen. Das Warten auf Gott gibt Ihm Zeit, auf Seine eigene Weise und in göttlicher Macht zu uns zu kommen.

Besonders in der Gebetszeit sollten wir uns die Entwicklung dieser Haltung zum Anliegen machen.

Bevor du betest, neige dich still vor Gott, um dich einfach zu erinnern und zu erkennen, wer Er ist, wie nahe Er ist, wie gewiß Er helfen kann und will. Sei nur stille vor Ihm und gestatte Seinem Heiligen Geist, in deiner Seele die kindliche Haltung absoluter Abhängigkeit und vertrauensvoller Erwartung zu wecken und lebendig zu machen. Warte auf Gott als auf ein lebendes Wesen, als den lebendigen Gott, der dich zur Kenntnis nimmt und sich gerade danach sehnt, dich mit Seinem Heil zu füllen. Warte auf Gott, bis du weißt, du bist Ihm begegnet; Beten wird dann so anders werden.

Wenn du betest, laß Pausen des Schweigens, ehrfürchtiger Stille der Seele entstehen, in denen du dich Gott unterstellst, falls Er dich etwas lehren oder etwas in dir bewirken möchte. Das Warten auf Ihn wird der segensreichste Teil des Gebets werden und der so gewonnene Segen als Frucht solcher Gemeinschaft mit dem Heiligen doppelt kostbar sein. Gott hat es im Einklang zwischen Seiner heiligen Natur und der unsrigen so bestimmt, daß das Warten auf Ihn die Ehre ist, die wir Ihm erweisen. Laßt uns Ihm diesen Dienst freudig und aufrichtig tun, Er wird ihn reichlich belohnen.

"Aller Augen warten auf dich, und du gibst ihnen ihre Speise zur rechten Zeit." Liebe Seele, in der Natur sorgt Gott für Seine Geschöpfe, wieviel mehr wird Er in Gnade für die sorgen, die Er erlöst hat. Lerne, von jedem Bedürfnis, jedem

Versagen, jedem Mangel an notwendiger Gnade zu sagen: Ich habe zu wenig auf Gott gewartet, sonst hätte Er mir zur rechten Zeit alles gegeben, wessen ich bedurfte. Und dann sprich auch:

"Meine Seele, warte du nur auf Gott."

Fünfter Tag

Warten auf Gott
- für Unterweisung

"Herr, zeige mir deine Wege und lehre mich deine Steige! Leite mich in deiner Wahrheit und lehre mich! Denn du bist der Gott, der mir hilft; täglich harre ich auf dich."
(Psalm 25, 4.5)

Ich sprach von einer Armee unmittelbar vor dem Einrücken in Feindesland. Grund für die Verzögerung war: *"Warten auf Versorgungsgüter"*. Er hätte auch sein können: *"Warten auf Anweisungen"* oder *"Warten auf Befehle"*. Wäre die letzte Depesche mit den engültigen Anweisungen des befehlshabenden Kommandeurs nicht eingetroffen, hätte sich die Armee nicht vorwärts gewagt. Ebenso ist es im Christenleben: die Notwendigkeit des *Wartens auf Versorgungsgüter* ist genauso groß wie die des *Wartens auf Anweisungen*.

Seht, wie wunderbar dies in Psalm 25 deutlich wird. Der Schreiber kannte und liebte Gottes Gesetz außerordentlich und sann Tag und Nacht darüber nach. Aber er wußte, daß dies nicht genug war. Er wußte, daß er zum richtigen geistlichen Erfassen der Wahrheit, zum richtigen persönlichen Anwenden auf seine eigenen Umstände eine unmittelbare göttliche Belehrung brauchte.

Dieser Psalm ist schon zu allen Zeiten ein besonderer gewesen - wegen seines wiederholten Ausdrucks der empfundenen Notwendigkeit göttlicher Belehrung und wegen des kindlichen Vertrauens darauf, daß diese Unterweisung erteilt werde. Beschäftige dich mit dem Psalm, bis dein Herz mit diesen zwei Gedanken erfüllt ist: der absoluten Bedürftigkeit und der absoluten Gewißheit göttlicher Führung. Angesichts dieser beiden Wahrheiten ist es nur zu verständlich, daß er in diesem Zusammenhang sagt: *"Täglich harre ich auf dich"* . Den ganzen Tag über auf Führung und Anweisungen zu warten, ist ein sehr segensreicher Teil des Wartens auf Gott. Der Vater im Himmel ist so an Seinem Kind interessiert und sehnt sich so danach, dessen Leben bei jedem Schritt in Seinem Willen und Seiner Liebe zu bewahren, daß Er dessen Führung völlig in Seiner Hand behalten möchte. Er weiß sehr gut, daß wir unfähig sind, das wirklich Heilige und Göttliche zu tun, es sei denn, Er wirkt es in uns; daß Er Seine Forderungen zu Verheißungen dessen, was Er tun will, werden lassen möchte, während Er den ganzen Tag über uns wacht und uns führt. Nicht nur in besonderen Schwierigkeiten und Zeiten der Verwirrung, sondern im normalen Ablauf des täglichen Lebens dürfen wir mit Ihm rechnen, daß Er uns *Seinen* Weg zeigt und *Seine* Steige lehrt.

Und was ist in uns nötig, um Seine Führung zu empfangen? Dies eine: Warten auf Unterweisung, Warten auf Gott. *"Täglich harre ich auf dich."* In unseren Gebetszeiten wollen wir klar zum Ausdruck bringen, daß wir uns bedürftig fühlen und Seiner Hilfe vertrauen. Wir wollen uns ganz dessen bewußt werden, daß wir Gottes möglichen Weg nicht kennen, und daß das göttliche Licht in uns leuchten muß, wenn unser Weg wie die Sonne sein soll, die heller und heller scheint bis zum vollen Tag. Und wir wollen still vor Gott im Gebet warten, bis uns die tiefe, beruhigende Gewißheit erfüllt: Er wird es schenken, Er "lehrt die Elenden seinen Weg."

"Taglich harre ich auf dich." Die besondere Auslieferung an Gottes Führung in unseren Gebetszeiten muß die Gewohnheit entwickeln und nach sich ziehen, täglich nach oben zu schauen. So einfach es ist für jemanden, der Augen hat, den ganzen Tag im Sonnenlicht zu gehen, so einfach und wunderbar kann es für eine im Warten auf Gott geübte Seele sein, den ganzen Tag im Genuß des Lichts und der Führung Gottes zu verbringen. Um uns zu einem solchen Leben zu verhelfen, ist nur eins nötig: das wirkliche Kennen Gottes und der Glaube an Ihn als die einzige Quelle der Weisheit und Güte, immer bereit und mit dem großen Wunsch, uns alles zu sein, wessen wir je bedürfen könnten - ja! dies ist die eine Sache, die wir brauchen. Wenn wir nur unseren Gott in Seiner Liebe sähen, nur glaubten, daß Er darauf wartet, gnädig und unser Leben zu sein sowie alles in uns zu bewirken - wie würde dann dies Warten auf Gott zu unserer größten Freude, der natürlichen und spontanen Antwort unseres Herzens auf Seine großartige Liebe und Herrlichkeit.

"Meine Seele, warte du nur auf Gott."

Sechster Tag

Warten auf Gott

- für alle Heiligen Gottes

"Laß keinen, der auf dich harrt, zuschanden werden."
*(Psalm 25,3)**

Möge nun in unserer Betrachtung für den heutigen Tag jeder sich selbst vergessen, um an die großen Gemeinschaft der Kinder Gottes zu denken, die Heiligen in der ganzen Welt, die alle mit uns auf Ihn warten. Und laßt uns alle in das innige Gebet füreinander einstimmen: "Laß keinen, der auf dich harrt, zuschanden werden."

Denkt nur einen Augenblick an die Vielzahl der Wartenden, die dieses Gebet nötig haben; wie viele gibt es, krank, matt und einsam, denen es scheint, als würden ihre Gebete nicht beantwortet, und die manchmal Furcht befällt, ihre Hoffnung werde zuschanden. Auch die vielen Diener Gottes, Geistliche oder Missionare, Lehrer oder Arbeiter verschiedener Berufe, deren Hoffnungen in ihrer Arbeit enttäuscht worden sind, und deren Hunger nach Kraft und Segen ungestillt bleibt. Oder auch die Vielen, die von einem Leben in Ruhe und völligem Frieden, bleibendem Licht und Gemeinschaft, von Stärke und Sieg gehört haben und den Weg nicht finden können. Bei all diesen geht es um nichts anderes, als daß sie noch nicht das Geheimnis des völligen Wartens auf Gott gelernt haben. Sie brauchen nur, was wir alle nötig haben: die lebendige Gewißheit, daß das Warten auf Gott nie vergeblich sein kann. Laßt uns aller derer gedenken, die in der Gefahr stehen, schwach oder müde zu werden, und uns alle in dem Ruf vereinigen: "Laß keinen, der auf dich harrt, zuschanden werden." Wenn diese Fürbitte für alle auf Gott Wartenden Teil unseres eigenen Wartens auf Gott wird, werden wir mithelfen, einer des anderen Last zu tragen, und so das Gesetz Christi erfüllen.

So wird in unser Warten auf Gott das Element der Selbstlosigkeit und Liebe eingeführt, das der Pfad zur höchsten Segnung und vollsten Gemeinschaft mit Gott ist. Liebe zu den Brüdern und Liebe zu Gott sind untrennbar miteinander verbunden. In Gott sind die Liebe zu Seinem Sohn *und zu uns* eins: " ... damit die Liebe, mit der du mich liebst, in ihnen ist ...". In Christus sind die Liebe des Vaters zu Ihm und *Seine Liebe zu uns* eins: "So wie mich der Vater liebt, so liebe ich euch auch." In uns soll, so wünscht Er, Seine Liebe sich als *unsere* Liebe zu den Brüdern zeigen: "... daß ihr einander lieben sollt, wie ich euch liebe". Die ganze Liebe Gottes und Christi ist untrennbar mit der Liebe zu den Brüdern verknüpft. Und wie können wir tagtäglich diese Liebe anders erweisen und pflegen als durch tägliches Gebet füreinander? Christus trachtete nicht danach, die Liebe des Vaters für sich selbst zu genießen; Er gab sie ganz an uns weiter. Alles echte Suchen nach Gott und Seiner Liebe zu uns wird nicht zu trennen sein von dem Gedanken an unsere Brüder und der Liebe zu ihnen, indem wir für sie beten.

"Laß keinen, der auf dich harrt, zuschanden werden." Zweimal spricht David in diesem Psalm davon, daß er für sich selbst auf Gott wartete; hier aber denkt er an *alle*, die auf Ihn warten. Möge diese Seite allen Angefochtenen und Ermatteten Gottes die Botschaft bringen, daß mehr Menschen für sie beten als sie wissen. Möge das sie und uns dazu anregen, in unserem Warten ein Anliegen daraus zu machen, uns bisweilen selbst zu vergessen, unsere Herzen zu erweitern und zum Vater zu sagen: "*Es warten alle auf dich*, daß du ihnen Speise gebest zur rechten Zeit." Es soll uns mit neuem Mut erfüllen - denn wer ist nicht manchmal nahe daran, zu ermüden und matt zu werden? "Laß keinen, der auf dich harrt, zuschanden werden", ist eine Verheißung in einem Gebet: "Keiner, der auf dich harrt, wird zuschanden!" Von einer großen Schar dringt der Ruf zu jedem, der Hilfe braucht, dem Bruder, der Schwester, dem Angefochtenen:"Wartet auf den Herrn;seid getrost,und er wird euer Herz stärken, wartet, sage ich,auf den Herrn. Seid getrost und er wird euer Herz stärken, alle, die ihr auf den Herrn wartet."*

Gepriesener Vater, wir bitten Dich demütig, laß keinen, der auf dich wartet, zuschanden werden, nein, nicht einen. Einige sind müde, und die Zeit des Wartens erscheint lang. Einige sind schwach und wissen kaum, wie sie warten sollen. Andere sind so in ihrem Bemühen um ihr Beten und Arbeiten gefangen, daß sie glauben, keine Zeit zum beständigen Warten zu haben. Vater, lehre uns alle, recht zu warten. Lehre, aneinander zu denken und füreinander zu beten. Lehre uns, an Dich zu denken, den Gott aller Wartenden. Vater, laß keinen, der auf dich wartet, zuschanden werden. Um Jesu willen. Amen.

"Meine Seele, warte du nur auf Gott."

Siebter Tag

Warten auf Gott
- eine mächtige Fürsprache im Gebet

"Unschuld und Redlichkeit mögen mich behüten; denn ich harre auf dich." (Psalm 25,21)

Zum dritten Mal in diesem Psalm finden wir das Wort *"harren"*. Wie schon zuvor in Vers fünf mit "...täglich harre ich auf dich" wendet sich auch hier der Gläubige mit der Bitte an Gott, daran zu denken, daß er auf Ihn wartet und eine Antwort wünscht. Großartig ist es, wenn eine Seele nicht nur auf Gott wartet, sondern ihr gesamtes Denken und ihre Haltung vom Bewußtsein des Wartens erfüllt sind, daß sie in kindlichem Zutrauen sagen kann: "Herr, Du weißt, ich warte auf Dich." Es wird sich als mächtige Fürsprache im Gebet erweisen, die stets zunehmende Kühnheit der Erwartung mit sich bringt, wenn mann die Verheißung in Anspruch nimmt: "Keiner, der auf dich harrt, wird zuschanden."

Das Gebet, in dessen Zusammenhang die Fürsprache hier vorgebracht wird, ist von großer Bedeutung im geistlichen Leben. Wenn wir uns Gott nähern, muß es mit aufrichtigem Herzen geschehen. In unserem Umgang mit Gott müssen wir völlig rechtschaffen und mit ganzem Herzen dabei sein. Wie wir im nächsten Psalm lesen: "Herr, schaffe mir Recht, denn ich bin unschuldig", "Ich aber gehe meinen Weg in Unschuld" (Ps. 26, 1.11), so muß vor Gott vollkommene Aufrichtigkeit oder Zielstrebigkeit herrschen: "Seine Gerechtigkeit gilt denen, die aufrichtigen Herzens sind."* Die Seele muß wissen, daß sie nichts Sündiges, nichts Zweifelhaftes zuläßt; wenn sie tatsächlich dem Heiligen begegnen und Seinen vollen Segen empfangen möchte, muß das Herz einzig und allein Seinem Willen unterstellt sein. Die alleinige Gesinnung, die uns während des Wartens beseelt, muß sein: "Unschuld und Redlichkeit" - Du siehst, daß ich zu Dir kommen möchte, Du weißt, ich blicke auf Dich, damit Du sie in mir vollendest - "mögen mich behüten, denn ich harre auf dich."

Wenn wir bei unserem ersten Versuch, wirklich ein Leben des völligen und ständigen Wartens auf Gott zu führen, zu entdecken beginnen, wie sehr diese perfekte Unschuld mangelt, wird das genau eine der Segnungen sein, die das Warten bewirken sollte. Ohne eine ganz aufrichtige und völlige Hingabe an Seinen gesamten Willen kann eine Seele weder enge Gemeinschaft mit Gott suchen noch das bleibende Bewußtsein erlangen, den ganzen Tag auf Ihn zu warten.

"Denn ich harre auf dich" - nicht nur in Verbindung mit dem Gebet unseres Textes, sondern mit jedem Gebet kann diese Fürsprache benutzt werden. Ihr häufiger Gebrauch wird uns ein großer Segen sein. Laßt uns daher diese Worte gut kennenlernen, bis wir ihre ganze Tragweite verstehen. Uns muß klar sein, auf *was wir warten*. Das können sehr verschiedene Dinge sein. Vielleicht warten wir in unseren Gebetszeiten auf Gott, damit er Seinen Platz als Gott einnehmen und in uns das Bewußtsein Seiner heiligen Gegenwart und Nähe bewirken möge. Eine besondere Bitte, auf die wir eine Antwort erwarten, mag es sein oder unser ganzes inneres Leben, in dem wir einen Erweis von Gottes Kraft erleben möchten. Vielleicht ist es der gesamte Zustand Seiner Kirche und Heiligen oder eines Teils Seines Werkes, um derentwillen unsere Augen immer auf Ihn gerichtet sind. Manchmal ist es gut, uns genau aufzuzählen, auf welche Dinge wir eigentlich warten, und während wir im Hinblick auf jedes einzelne bestimmt sagen: "Auf dich harre ich", werden wir ermutigt, die Antwort zu beanspruchen: "...*denn* ich harre auf dich". Ebenso muß uns klar sein, *auf wen wir warten*; auf keinen Götzen oder Gott, von dem wir uns in unserer Vorstellung ein Bild geformt haben; nein, sondern auf den lebendigen Gott, so wie Er wirklich ist in Seiner großen Herrlichkeit, Seiner unendlichen Heiligkeit, Seiner Macht, Weisheit und Güte, in Seiner Liebe und Nähe. Die Gegenwart eines geliebten oder gefürchteten Herrn ist es, die die ganze Aufmerksamkeit des auf ihn wartenden Dieners weckt.

Es ist die *Gegenwart Gottes, wie Er sich in Christus durch Seinen Heiligen Geist bekanntmachen kann* und die Seele unter ihrer Deckung und ihrem Schatten zu bewahren vermag, die den echten Geist des Wartens erwecken und stärken wird. Laßt uns stille sein, warten und anbeten, bis wir wissen, wie nahe Er ist, und dann sagen: "*auf dich* harre ich".

Und dann laßt es auch sehr klar werden, daß wir *warten.* Laßt uns so in dieses Bewußtsein hineinwachsen, daß spontan die Äußerung folgt: "Täglich *harre* ich auf dich, ich *warte* auf dich." Dies wird freilich Opfer und Trennung beinhalten, eine Seele, völlig an Gott als ihr alles und ihre einzige Freude hingegeben. Dies Warten auf Gott ist bisher kaum als das wahre Christentum anerkannt worden. Und doch, wenn es zutrifft, daß allein Gott Güte, Freude und Liebe ist, wenn es stimmt, daß unser höchstes Glück darin besteht, soviel wie möglich an Gott Anteil zu haben, wenn es wahr ist, daß Christus uns völlig für Gott erlöst und ein beständiges Bleiben in Seiner Gegenwart möglich gemacht hat, dann sollte uns nichts Geringeres zufriedenstellen, als immer diese gesegnete Luft zu atmen: "Ich warte auf dich."

"Meine Seele, warte du nur auf Gott."

Achter Tag

Warten auf Gott
- getrost und unverzagt

"Harre des Herrn! Sei getrost und unverzagt und harre des Herrn." *(Psalm 27,14)*

Gerade hatte der Psalmist gesagt: "Ich wäre matt geworden, hätte ich nicht daran geglaubt, die Güte des Herrn im Lande der Lebenden zu sehen." Hätte er nicht Glauben an Gott besessen, wäre sein Herz schwach geworden. Aber in der festen, vom Glauben geschenkten Gewißheit in Gott fordert er sich selbst und uns dazu auf, sich vor allem einer Sache zu erinnern - des Wartens auf Gott: "Harre des Herrn! Sei getrost und unverzagt und harre des Herrn". Eines unserer Hauptbedürfnisse beim Warten auf Gott und zugleich eines der tiefsten Geheimnisse seines Glücks und Segens ist eine stille, feste Überzeugung, daß es nicht vergeblich geschieht; der Mut zu glauben, daß Gott hören und helfen wird. Wir warten auf einen Gott, der Sein Volk niemals enttäuschen könnte. "Sei getrost und unverzagt." Diese Worte finden sich häufig im Zusammenhang mit irgendeiner großen und schwierigen Unternehmung, angesichts des Kampfes gegen die Macht starker Feinde und der völligen Unzulänglichkeit menschlicher Kraft. Ist das Warten auf Gott eine so schwierige Aufgabe, daß auch für sie die Worte gelten müssen: "Sei getrost und unverzagt"? Ja, tatsächlich. Die Befreiung, auf die wir oft warten müssen, ist die von Feinden, in deren Gegenwart wir machtlos sind. Die Segnungen, um die wir flehen, sind geistlich und alle unsichtbar; Dinge, die bei Menschen unmöglich sind; himmlische, übernatürliche, göttliche Wirklichkeiten. Unser Herz könnte schwach werden und versagen. Unsere Seelen sind so wenig daran gewöhnt, Gemeinschaft mit Gott zu halten. Der Gott, auf den wir warten, *scheint* sich oft zu verbergen. Wir, die wir warten müssen, sind oft versucht zu fürchten, daß wir es nicht in der rechten Weise tun, daß unser Glaube zu schwach ist, daß unser Wunsch nicht so aufrichtig oder ernst ist, wie er sein sollte, daß unsere Hingabe nicht vollkommen ist. Wie segensreich ist es, inmitten all dieser Anlässe für Angst und Zweifel die Stimme Gottes zu hören: "Harre des Herrn! Sei getrost und unverzagt UND HARRE DES HERRN!" Laß nichts - weder im Himmel noch auf Erden oder in der Hölle - dich davon abhalten, auf deinen Gott zu warten in der absoluten Gewißheit, daß es nicht vergeblich sein kann.

Die eine Lektion, die uns unser Text lehrt, ist diese: Wenn wir uns entschließen, auf Gott zu warten, sollen wir es von vorneherein mit der Absciht tun, ganz vertrauensvoll zu erwarten, daß Gott uns begegnen und uns segnen wird. Wir sollten uns klarwerden, daß nichts je so sicher war wie die Tatsache, daß das Warten auf Gott uns unsagbare und unerwartete Segnungen bringen wird. So gewöhnt sind wir daran, Gott und Sein Werk in uns nach dem zu beurteilen, *was wir fühlen,* daß wir mit großer Wahrscheinlichkeit, wenn wir beginnen, das Warten auf Ihn mehr zu einer Gewohnheit werden zu lassen, entmutigt werden, weil wir keinen besonderen Segen darin finden. Uns gilt die Botschaft: "Wenn du auf Gott wartest, tue es vor allem im Geist reicher Hoffnung. Du wartest auf Gott in Seiner Herrlichkeit, Seiner Macht, Seiner Liebe, die sich danach sehnt, dich zu segnen."

Wenn du sagst, daß du dich in leerer Hoffnung selbst zu täuschen fürchtest, weil du in deinem gegenwärtigen Zustand keine Berechtigung für solche Erwartungen siehst oder fühlst, lautet meine Antwort: Gott ist es, der dich berechtigt, große Dinge zu erwarten. Lerne doch diese Lektion. Du wirst nicht auf dich selbst warten, um zu sehen, was du fühlst und welche Veränderungen mit dir vorgehen. Du wirst AUF GOTT WARTEN, um *zuerst* kennenzulernen, WAS ER IST, und danach dann, was Er tun will. Die ganze Aufgabe und Seligkeit des Wartens auf Gott wurzeln darin, daß Er ein so segensreiches Wesen ist, zum Überfließen voll mit Güte, Macht, Leben und Freude, daß wir, wie elend wir auch sein mögen, zu keiner Zeit mit Ihm in Verbindung treten können, ohne daß dieses Leben und diese Kraft heimlich und leise in uns Raum gewinnen und uns segnen. Gott ist Liebe! Dies ist die einzige und völlig ausreichende Garantie für deine Erwartungen. Liebe sucht das Ihre: Gottes Liebe besteht schlicht in *Seiner Freude daran*, Seine Kinder *an sich selbst und Seinem Glück teilhaben zu lassen*. Komm, wie matt du dich auch immer fühlst, und warte einfach in Seiner Gegenwart. So wie ein schwacher, kränklicher Mensch in die Sonne gebracht wird, um sich von ihrer Wärme durchdringen zu lassen, so komm mit allem, was in dir dunkel und kalt ist, *in den Sonnenschein von Gottes heiliger, allmächtiger Liebe* und sitze und warte dort mit dem einen Gedanken: hier bin ich, im Schein Seiner Liebe. Wie die Sonne auf den Schwachen einwirkt, der ihre Strahlen sucht, wird *Gott auch Sein Werk an dir tun*. Oh, vertraue Ihm völlig. "Harre des Herrn! Sei getrost und unverzagt und harre des Herrn!"

"Meine Seele, warte du nur auf Gott."

Neunter Tag

Warten auf Gott
- mit dem Herzen

"Seid getrost und laßt eure Herzen Mut fassen, alle, die ihr des Herrn harret." *(Psalm 31,24)**

Diese Worte ähneln denen unserer letzten Betrachtung. Aber ich bediene mich ihrer gerne noch einmal, um eine sehr nötige Lektion nachdrücklich zu betonen für alle, die wirklich und völlig zu lernen wünschen, was Warten auf Gott ist. Diese Lektion lautet: Wir müssen mit dem Herzen auf Gott warten. "Laßt eure Herzen Mut fassen." All unser Warten hängt vom Zustand des Herzens ab. Wie das Herz eines Menschen ist, so steht er auch vor Gott. An den heiligen Ort der Gegenwart Gottes können wir nicht weiter oder tiefer vordringen, um dort auf Ihn zu warten, als unser Herz vom Heiligen Geist dafür vorbereitet ist. Die Botschaft ist: "Laßt eure Herzen Mut fassen, alle, die ihr des Herrn harret."

Die Wahrheit erscheint so einfach, daß einige fragen mögen: Ist nicht jeder davon überzeugt? Warum muß es noch besonders betont werden? Der Grund liegt darin, daß viele Christen kein Empfinden haben für den großen Unterschied zwischen der Frömmigkeit des Verstandes und der des Herzens; erstere wird weit sorgfältiger gepflegt als letztere. Sie wissen nicht, wie unendlich größer das Herz ist als der Verstand. Darin muß eine der Hauptursachen für die Schwäche unseres christlichen Lebens gesucht werden, und nur, wenn man dies versteht, kann das Warten auf Gott zum völligen Segen werden.

Ein Wort aus den Sprüchen kann helfen, meine Aussage zu verdeutlichen. Es spricht von einem Leben in der Furcht und Gunst Gottes: "Verlaß dich auf den Herrn von ganzem Herzen, und verlaß (dich auf den Herrn von ganzem Herzen,und verlaß dich) nicht auf deinen Verstand..." (Spr 3,5). Im gesamten geistlichen Leben müssen wir diese beiden Kräfte benutzen. Der Verstand muß aus Gottes Wort Wissen sammeln und die Nahrung zubereiten, durch die das Herz mit dem inneren Leben genährt werden soll. Doch hier tut sich eine schreckliche Gefahr auf, daß wir uns nämlich auf unseren eigenen Verstand verlassen und unserer Ansicht über göttliche Dinge vertrauen. Menschen stellen sich vor, daß durch ihre Beschäftigung mit der Wahrheit das geistliche Leben wie selbstverständlich gestärkt werde. Doch dies ist keineswegs der Fall. Der Verstand befaßt sich mit Vorstellungen und Bildern von göttlichen Dingen, aber er kann nicht das wahre Leben der Seele erreichen. Daher gilt die Aufforderung: "Verlaß dich auf den Herrn von ganzem Herzen, und verlaß dich nicht auf deinen Verstand." Mit dem Herzen glaubt der Mensch und kommt in Berührung mit Gott. In das Herz hat Gott Seinen Geist gegeben, um dort für uns die Gegenwart und in uns wirkende Kraft Gottes zu sein. In unserem gesamten geistlichen Leben ist es das Herz, das vertrauen, lieben, anbeten und gehorchen muß. Mein Verstand ist absolut unfähig, dieses Leben in mir hervorzubringen oder aufrechtzuerhalten - das Herz muß darauf warten, daß Gott es in mir wirkt.

Im Bereich körperlichen Lebens gilt dasselbe. Mein Verstand mag mir sagen, was ich essen und trinken soll und wie mich die Speise ernährt. Aber bei der Nahrungsaufnahme selbst kann mein Verstand nichts zun; für diesen besonderen Zweck hat der Körper seine Organe. Genauso mag der Verstand mir erklären, was Gottes Wort sagt, aber er kann nichts zur Ernährung der Seele mit dem Brot des Lebens beitragen; das vermag allein das Herz durch seine Glauben und sein Vertrauen in Gott. Ein Mensch mag Wesen und Wirkung von Nahrung und Schlaf studieren; wenn er essen und schlafen möchte, läßt er seine Gedanken und Untersuchungen beiseite und nutzt die Fähigkeit des Essens oder Schlafens. Und so muß auch stets der Christ, wenn er Gottes Wort studiert oder gehört hat, seine Gedanken ablegen, kein Vertrauen in sie setzen und sein Herz dazu anspornen, sich vor Gott zu öffnen und die lebendige Gemeinschaft mit Ihm zu suchen.

Darin besteht das Glück des Wartens auf Gott, die Unfähigkeit all meiner Gedanken und Bemühungen zu bekennen und mich zu beruhigen, um vor Ihm in heiliger Stille mein Herz zu beugen und Ihm zu vertrauen, Sein eigenes Werk in mir zu erneuern und zu stärken. Und genau dies ist die Lehre unseres Textes: "Laßt *eure Herzen* Mut fassen, alle, die ihr des Herrn harret." Ruft euch den Unterschied zwischen dem Verstandeswissen und dem Herzensglauben ins Gedächtnis. Hütet euch vor der Versuchung, euch auf euren eigenen Verstand mit seinen klaren und scharfen Gedanken zu verlassen. Sie helfen euch nur zu erkennen, was das Herz von Gott bekommen muß; in sich selbst sind sie nur Abbilder und Schatten. "Laßt *eure Herzen* Mut fassen, alle, die ihr des Herrn harret." Präsentiert sie vor Ihm als den wunderbaren Teil eurer geistlichen Natur, in dem Gott sich selbst offenbart, und durch den ihr Ihn erkennen könnt. Entwickelt größtes Vertrauen, daß Gott in euren Herzen durch Seinen Geist an der Arbeit ist, auch wenn ihr nicht hineinsehen könnt. Laßt das Herz gelegentlich in völliger Ruhe und Stille verharren; in seiner verborgenen Tiefe wird Gott wirken. Seid dessen gewiß und wartet nur auf Ihn. Gebt das ganze Herz mit seinen unsichtbaren Aktivitäten beständig in Gottes Hände. Er möchte das Herz, nimmt es und wohnt als Gott darin. "Seid getrost und laßt eure Herzen Mut fassen, alle, die ihr des Herrn harret."

"Meine Seele, warte du nur auf Gott."

Zehnter Tag

Warten auf Gott
- in demütiger Furcht und Hoffnung

"Siehe, des Herrn Auge achtet auf alle, die ihn fürchten, die auf seine Güte hoffen, daß er sie errette vom Tode und sie am Leben erhalte in Hungersnot. Unsre Seele harrt auf den Herrn; er ist uns Hilfe und Schild, denn unser Herz freut sich seiner, und wir trauen auf seinen heiligen Namen. Deine Güte, Herr, sei über uns, wie wir auf dich hoffen." *(Psalm 33,18-29)*

Gottes Auge ist auf Sein Volk und dessen Blick auf Ihn gerichtet. Wenn wir auf Gott warten und zu Ihm aufsehen, begegnet unser Auge dem Seinen, das auf uns herniederschaut. Dies ist das Glück des Wartens auf Gott, daß es unsere Augen und Gedanken von uns selbst, ja sogar von unseren Bedürfnissen und Wünschen ablenkt und uns mit unserem Gott beschäftigt sein läßt. Wir beten Ihn in Seiner Herrlichkeit und Liebe an, während Sein alles sehendes Auge über uns wacht, damit Er all unseren Nöten abhelfen möge. Laßt uns über diese wunderbare Begegnung Gottes mit Seinem Volk nachdenken und wohl bemerken, was wir hier lernen über diejenigen, auf denen Gottes Auge ruht, und über Ihn, auf dem unsere Augen ruhen.

"Des Herrn Auge achtet auf alle, die ihn fürchten, die auf seine Güte hoffen". Im allgemeinen sieht man Furcht und Hoffnung als Gegensätze an, in der Gegenwart und Anbetung Gottes finden sie sich Seite an Seite in völliger und wunderbarer Harmonie. Und zwar deshalb, weil in Gott selbst alle offensichtlichen Widersprüche miteinander versöhnt sind. Gerechtigkeit und Friede, Gericht und Erbarmen, Heiligkeit und Liebe, unendliche Kraft und unendliche Sanftheit, eine Majestät, die über alle Himmel erhoben ist, und eine sich tief beugende Herablassung begegnen einander. Freilich gibt es eine Furcht, die Qual beinhaltet; sie wird durch vollkommene Liebe gänzlich ausgetrieben. Aber es gibt auch eine Furcht, die man sogar im Himmel findet. Im Lied des Mose und des Lammes heißt es: "Wer sollte deinen Namen, Herr, nicht fürchten und ihn nicht preisen?" Und vom Thron selbst ertönte die Stimme: "Preist unseren Gott, ihr seine Diener alle und ihr, die ihr ihn fürchtet."* Laßt uns in unserem Warten immer danach streben, "diesen herrlichen und heiligen Namen, DEN HERRN, DEINEN GOTT" zu fürchten. Je tiefer wir uns vor Seiner Heiligkeit beugen in heiliger Furcht und anbetender Ehrfurcht, in tiefer Verehrung und demütiger Selbsterniedrigung - wie ja auch die Engel ihr Angesicht vor dem Thron verhüllen - desto mehr wird Seine Heiligkeit auf uns ruhen und die Seele mit dem Wunsch erfüllt sein, Gott möge sich offenbaren. Je tiefer wir in die Wahrheit eindringen, daß "sich kein Mensch vor Gott rühmen kann", wird es uns geschenkt werden, Seinen Ruhm zu sehen. "Des Herrn Auge achtet auf alle, die ihn fürchten."

"...die auf seine Güte hoffen"; wahre Gottesfurcht wird uns keineswegs von Hoffnung zurückhalten, sondern wird sie sogar anregen und stärken. Je tiefer wir uns beugen, desto deutlicher empfinden wir, daß wir auf nichts als Seine Gnade hoffen können. Je tiefer wir uns beugen, desto näher wird Gott kommen und unsere Herzen zuversichtlich machen, auf Ihn zu vertrauen. Laßt jede Übung im Warten, laßt unsere ganze Gewohnheit des Wartens auf Gott durchdrungen sein von reicher Hoffnung - einer Hoffnung, so strahlend hell und grenzenlos wie Gottes Barmherzigkeit. Die väterliche Freundlichkeit Gottes beruht darin, daß wir vertrauensvoll auf Seine Gnade hoffen dürfen, in welcher Verfassung wir auch immer zu Ihm kommen.

So sind die auf Gott Wartenden. Und nun denkt über den Gott nach, auf den wir warten. "Siehe, des Herrn Auge achtet auf alle, die ihn fürchten, die auf seine Güte hoffen, daß er sie errette vom Tode und sie am Leben erhalte in Hungersnot."

Nicht, daß Er die Gefahr des Todes oder Hungers verhüte - sie ist oft nötig, um das Warten auf Ihn anzuregen -, sondern daß Er davon befreie und am Leben erhalte. Denn die Gefahren sind oft sehr wirklich und dunkel; die Situation, ob im praktischen oder geistlichen Leben, mag äußerst hoffnungslos erscheinen. Doch es gibt immer eine Hoffnung: *Gottes Auge achtet* auf alle, die Ihn fürchten.

Sein Auge sieht die Gefahr und schaut mit zärtlicher Liebe auf Sein zitterndes, wartendes Kind und erkennt den Augenblick, wann das Herz für den Segen reif ist, sieht auch die Art, auf die er eintreten soll. Laßt uns diesen Lebendigen, mächtigen Gott fürchten, auf Seine Gnade hoffen und demütig, aber mutig sagen: "Unsre Seele harrt auf den Herrn; er ist uns Hilfe und Schild. Deine Güte, Herr, sei über uns, wie wir auf dich hoffen."

Oh, welche Glückseligkeit des Wartens auf solch einen Gott! Eine sehr gegenwärtige Hilfe zu jeder Zeit der Schwierigkeiten; ein Schild und Schutz gegen jede Gefahr. Kinder Gottes! Wollt ihr nicht lernen, in völlige Hilflosigkeit, Unfähigkeit und Stille herabzusinken, um auf Ihn zu warten und Seine Rettung zu sehen? In der äußersten geistlichen Hungersnot, und wenn der Tod die Oberhand zu gewinnen scheint, oh, harre auf Gott. Er befreit tatsächlich und erhält wirklich am Leben. Sagt es nicht nur euch selbst, sondern auch einer dem andern; der Psalm spricht nicht von einem einzelnen, sondern von Gottes Volk: "*Unsre* Seele harrt auf den Herrn; er ist *uns* Hilfe und Schild." Stärkt und ermutigt einander in der heiligen Übung des Wartens, daß jeder nicht nur von sich selbst, sondern auch von seinen Brüdern sagen kann: "*Wir* haben auf Ihn gewartet; *wir* werden fröhlich sein und uns Seiner Rettung freuen."

"Meine Seele, warte du nur auf Gott."

Elfter Tag

Warten auf Gott
- in Geduld

*"Sei stille dem Herrn und warte auf ihn in Geduld; die des Herrn harren, werden das Land erben." (Psalm 37,7.9)**

"Beherrscht eure Seelen in Geduld"*, "Ihr braucht aber Geduld", "Die Geduld aber soll ihr Werk tun bis ans Ende, damit ihr vollkommen und ohne Tadel seid und keinen Mangel aufweist." Solche Worte des Heiligen Geistes zeigen uns, welch wichtiges Element im christlichen Leben und Charakter die Geduld ist. Und nirgends sonst ist eine bessere Gelegenheit, sie zu entwickeln und zu zeigen als im Warten auf Gott. Dort entdecken wir, wie ungeduldig wir sind und was unsere Ungeduld bedeutet. Zuweilen bekennen wir, daß wir mit Menschen oder Umständen, die uns behindern, ungeduldig sind, oder auch mit uns selbst und unserem langsamen Wachstum im Christenleben. Wenn wir uns wirklich daranmachen, auf Gott zu warten, werden wir bemerken, daß wir eigentlich mit Ihm ungeduldig sind, weil Er unseren Wünschen nicht sofort, oder sobald wir möchten, entspricht. Im Warten auf Gott werden unsere Augen dafür geöffnet, an Seinen weisen und souveränen Willen zu glauben und zu erkennen, daß, je eher und vollständiger wir uns ihm unterordnen, desto sicherer Sein Segen auf uns kommen kann.

"So liegt es nun nicht am Wollen oder Laufen des Menschen, sondern an Gottes Erbarmen." Wir besitzen ebensowenig Macht, unser geistliches Leben zu erweitern oder zu stärken, wie wir hatten, um es zu schaffen. Wir wurden "nicht durch den Trieb des Fleisches oder den Willen des Mannes, sondern durch Gott geboren". Genauso erreichen unser Wollen und Laufen, unsere Wünsche und Bemühungen nichts; alles kommt von "Gottes Erbarmen". Alle Übungen des geistlichen Lebens, unser Lesen und Beten, unser Wünschen und Tun, haben ihren sehr großen Wert. Sie können jedoch nichts weiter erreichen als dies: daß sie den Weg weisen und uns vorbereiten, in Demut nur auf Gott selbst zu sehen, von Ihm allein abhängig zu sein und in Geduld Seine gute Zeit und Barmherzigkeit zu erwarten. Das Warten soll uns absolute Abhängigkeit von Gottes mächtigem Handeln lehren und uns veranlassen, uns in völliger Geduld zu Seiner Verfügung zu halten. Die auf den Herrn warten, werden das Land erben, was verheißene Land mit seinen Segnungen. Die Erben müssen warten; sie können es sich leisten zu warten.

"Sei stille dem Herrn und warte auf ihn in Geduld"; andere Übersetzungsmöglichkeiten sind: "Schweige vor dem Herrn", Ruhe im Herrn". Das Ruhen in Gott ist es - in Seinem Willen, Seiner Verheißung, Seiner Treue und Seiner Liebe -, das die Geduld einfach macht. Dieses Ruhen in Ihm bedeutet nichts anderes, als stille zu Ihm zu sein und vor Ihm zu schweigen; daß unsere Gedanken und Wünsche, unsere Befürchtungen und Hoffnungen beruhigt und gestillt werden in jenem tiefen Frieden Gottes, der alles Verstehen übersteigt. Dieser bewahrt Herz und Verstand, wenn wir um irgend etwas besorgt sind, weil wir Ihm unseren Wunsch mitgeteilt haben. Ruhe, Schweigen, Stille und das geduldige Warten finden ihre Stärke und Freude in Gott selbst.

Die Notwendigkeit, die Vernünftigkeit und das Glück der Geduld eröffnen sich der wartenden Seele. Unsere Geduld wird als Gegenstück zu Gottes Geduld offenbar werden. Er sehnt sich weit mehr danach, uns reichlich zu segnen, als wir es wünschen können. Aber so wie der Bauer lange Geduld hat, bis die Frucht reif ist, so läßt sich Gott zu unserer Langsamkeit herab und trägt lange mit uns. Laßt uns hieran denken und geduldig warten: für jede Verheißung und jede Gebetserhörung trifft das Wort zu: "Ich, der Herr, werde es *zu seiner Zeit* beschleunigen."*

"Sei stille dem Herrn und warte auf ihn in Geduld." Ja, *auf* IHN. Suche nicht nur nach der Hilfe, der Gabe; du mußt IHN

SELBST suchen, warte AUF IHN. Gib Gott die Ehre, indem du in Ihm ruhst, Ihm völlig vertraust, geduldig auf Ihn wartest. Diese Geduld ehrt Ihn sehr; sie beläßt Ihn als Gott auf dem Thron, damit Er Sein Werk tue; sie gibt das Ich völlig in Seine Hände. Sie läßt Gott *Gott sein*. Wenn dein Warten um einer besonderen Bitte willen geschieht, warte geduldig. Falls dein Warten mehr der Übung des geistlichen Lebens dient, mehr von Gott zu kennen und zu haben, warte geduldig. Sei es in kürzeren spezifischen Zeiten des Wartens oder in einer beständigen Gewohnheit der Seele, ruhe im Herrn, sie stille dem Herrn und warte in Geduld. "Die des Herrn harren, werden das Land erben."

"Meine Seele, warte du nur auf Gott."

Zwölfter Tag

Warten auf Gott

- sich auf Seinem Weg halten

"Harre auf den Herrn und halte dich auf seinem Weg, so wird er dich erhöhen, daß du das Land erbest ..."
(Psalm 37,34)

Wenn wir uns danach sehnen, einem geschätzten Menschen zu begegnen, fragen wir nach Orten und Wegen, auf denen wir ihn finden können. Wenn wir auf Gott warten, müssen wir mit Sorgfalt darauf achten, Seine Wege einzuhalten. Sonst können wir nie erwarten, Ihn zu finden. "Du begegnest dem, der Gerechtigkeit übt und sich daran freut, jenen, die *deiner Wege* gedenken."* Wir können sicher sein, daß Gott nie und nirgends zu finden ist als auf Seinen Wegen und sich dort mit größter Sicherheit von der suchenden und geduldig wartenden Seele finden läßt. "Harre auf den Herrn und halte dich auf seinem Weg, so wird er dich erhöhen."

Wie eng ist die Verbindung zwischen den beiden Teilen der Anordnung; "Harre auf den Herrn" hat mit Anbetung und innerer Haltung zu tun, "und halte dich auf seinem Weg" mit Wandel und Tun. Das äußere Leben muß mit dem inneren in Harmonie stehen, das innere die Inspiration und Stärke für das äußere sein. Unser Gott ist es, der für unser Verhalten Seine Wege in Seinem Wort bekanntgemacht hat und uns einlädt, Ihm für Seine Gnade und Hilfe in unserem Herzen zu vertrauen. Wenn wir uns nicht auf Seinem Weg halten, kann unser Warten auf Ihn keinen Segen bringen. Der Entschluß zum völligen Gehorsam gegen Seinen gesamten Willen ist das

Geheimnis des ungehinderten Zugangs zu allen Segnungen Seiner Gemeinschaft.

Achtet darauf, wie stark dies in dem Psalm zum Ausdruck kommt. Er spricht von dem Übeltäter, dem es auf seinem Weg wohlgeht, und ruft den Gläubigen auf, sich nicht zu grämen. Sehen wir Menschen um uns erfolgreich und glücklich, während sie Gottes Wege verlassen, und finden uns selbst in Schwierigkeiten oder Leiden, stehen wir in der Gefahr, uns zunächst über das so seltsam Anmutende zu ärgern, und dann nach und nach zu versuchen, unser Glück auch auf ihrem Weg zu finden. Der Psalmist sagt: "Entrüste dich nicht...hoffe auf den Herrn und tu Gutes...Sei stille dem Herrn und warte auf ihn. Entrüste dich nicht über den, dem es gut geht...Steh ab vom Zorn...Laß ab vom Bösen und tue Gutes...der Herr verläßt seine Heiligen nicht. Die Gerechten werden das Land erben...das Gesetz Gottes ist in seinem Herzen; seine Tritte gleiten nicht." Dann folgt - das Wort erscheint hier zum dritten Mal in diesem Psalm - "*harre* auf den Herrn und *halte dich auf seinem Weg*." Tue, worum Gott dich bittet; Er wird mehr tun, als du jemals von Ihm erbitten kannst.

Niemand sollte der Furcht Raum geben: "Ich kann mich nicht auf Seinem Weg halten." Dies raubt einem Menschen jegliches Vertrauen. Es ist wahr, du hast nicht die Stärke, dich auf all Seinen Wegen zu halten. Doch halte dich mit Bedacht auf denen, für die du schon Kraft erhalten hast. Gib dich willig und vertrauensvoll dazu hin, auf allen Wegen Gottes zu bleiben in der Stärke, die aus dem Warten auf Ihn erwächst. Gib dein ganzes Sein ohne Zurückhaltung und Zweifel an Gott, Er wird sich dir als Gott erweisen und in dir das bewirken, was Ihm durch Jesus Christus wohlgefällig ist. Halte dich auf Seinen Wegen, wie du sie aus Seinem Wort kennst. Halte dich auf Seinen Wegen, wie die Natur sie lehrt, während du immer tust, was recht erscheint. Halte dich auf Seinen Wegen, wie die Vorsehung sie aufzeigt. Halte dich auf Seinen Wegen, wie der Heilige Geist es nahelegt. Denke nicht an das Warten auf Gott, wenn du dich nicht bereit erklärst, auf Seinem Pfad zu wandeln. Wie schwach du dich auch immer fühlen magst, sei nur willig, und Er, der das Wollen gegeben hat, wird auch durch Seine Macht das *Vollbringen* wirken.

"Harre auf den Herrn und halte dich auf seinem Weg." Es

mag sein, daß das Bewußtsein des Zukurzkommens und der Sünde unseren Text zum Hindernis statt zur Hilfe beim Warten auf Gott zu machen scheint. Laßt das nicht so sein. Haben wir nicht schon mehr als einmal gesagt, daß der eigentliche Ausgangspunkt und die Grundlage des Wartens absolute und ausgesprochene Unfähigkeit ist? Warum kommst du dann nicht mit allem Schlechten, das du in dir fühlst, mit jeder Erinnerung an Unwillen, Unaufmerksamkeit, Untreue und all diesen Gründen für unaufhörliche Selbstverdammnis? Gib deine Kraft in Gottes Allmacht und finde deine Befreiung im Warten auf Gott. Dein Versagen hat einzig und allein seinen Grund darin: du hast dich bemüht, in deiner eigenen Stärke zu überwinden und zu gehorchen. Komm und beuge dich vor Gott, bis du lernst, daß Er der allein gute Gott ist und allein etwas Gutes schaffen kann. Glaube, daß in dir und allem, was die Natur vermag, keine wahre Kraft liegt. Sei damit zufrieden, von Gott in jedem Augenblick das innere Wirken Seiner mächtigen Gnade und des Lebens zu erhalten, dann wird das Warten auf Gott zur Erneuerung deiner Stärke, um Seine Wege zu gehen und nicht zu ermüden, auf Seinen Pfaden zu wandeln und nicht matt zu werden. "Harre des Herrn und halte dich auf seinem Weg" wird dann Befehl und Verheißung in einem sein.

"Meine Seele, warte du nur auf Gott."

Dreizehnter Tag

Warten auf Gott
- für mehr, als wir verstehen

"Und nun, Herr, worauf harre ich? Meine Hoffnung ruht in dir. Errette mich aus aller meiner Sünde."
*(Psalm 39,8.9)**

Es mag Zeiten geben, wo wir den Eindruck haben, nicht zu wissen, worauf wir warten. Zu anderen Zeiten vielleicht meinen wir, es zu wissen, gerade dann, wenn es gut für uns wäre zu erkennen, daß wir nicht wissen, wie wir beten sollen. Gott ist in der Lage, weit über Bitten und Verstehen hinaus zu tun. Und wir stehen in der Gefahr, Ihn zu begrenzen, wenn wir unsere Wünsche und Gebete auf unsere eigenen Ideen beschränken. Manchmal ist es großartig, wie unser Psalm zu sagen: "Und nun, Herr, worauf harre ich?" Kaum weiß ich es oder kann es ausdrücken; ich kann lediglich sprechen: "Meine Hoffnung ruht in dir."

Wir sehen diese Begrenzung Gottes im Falle Israels. Als Mose ihnen Fleisch in der Wüste versprach, zweifelten sie und fragten: "Kann Gott uns einen Tisch in der Wüste bereiten? Er schlug den Felsen, und das Wasser strömte heraus, kann Er auch Brot geben? Kann Er Sein Volk mit Fleisch versorgen?" Wären sie gefragt worden, ob Gott Ströme in der Wüste schaffen könne, hätten sie es bejaht. Das hatte Gott getan; Er konnte es wieder tun. Aber als der Gedanke aufkam, Gott solle etwas Neues wirken, begrenzten sie Ihn. Ihre Erwartung konnte nicht ihre vergangene Erfahrung oder ihre eigenen Vorstellungen darüber, was möglich sei,übersteigen. Genauso können wir Gott begrenzen durch unsere Sicht dessen, was Er versprochen hat oder fähig ist zu tun. Hüten wir uns davor, den Heiligen Israels durch unsere Gebete einzuschränken. Laßt uns glauben, daß eben die Verheißungen Gottes, die wir geltend machen, eine göttliche Bedeutung haben unendlich weit über unser diesbezügliches Denken hinaus. Laßt uns glauben, daß Er sie in einer Kraft und einem Gnadenüberfluß erfüllen kann, wie wir es uns nie vorgestellt hätten. Und laßt uns daher die Gewohnheit des Wartens auf Gott entwickeln, nicht nur für das, was wir zu benötigen glauben, sondern für all das, was Seine Gnade und Kraft für uns zu tun bereit sind.

An jedem wahren Gebet sind zwei Herzen beteiligt. Das eine ist das deinige mit seinen kleinen, dunklen, menschlichen Gedanken über das, was du brauchst und Gott zun kann. Das andere ist Gottes großes Herz mit seinen unendlichen, göttlichen Segensabsichten. Was meinst du? Welchem von beiden sollte mehr Raum zugemessen werden, wenn wir uns Ihm nähern? Zweifellos dem Herzen Gottes, alles hängt von seiner Kenntnis und der Beschäftigung mit ihm ab. Aber wie wenig geschieht dies. Das ist es, was das Warten auf Gott dich lehren soll. Denke doch nur an Gottes wunderbare Liebe und Erlösung in der Bedeutung, die diese Worte für Ihn haben müssen. Bekenne, wie wenig du verstehst, was Gott für dich tun will, und sprich jedesmal, wenn du betest: “Und nun, Herr, worauf harre ich?“ Mein Herz kann es nicht sagen. Gottes Herz weiß es und wartet darauf, es zu geben. “Meine Hoffnung ruht in dir.“ Harre auf Gott, damit Er für dich über Bitten und Verstehen handelt.

Wende dies auf das folgende Gebet an: “Errette mich aus aller meiner Sünde.“ Du hast gebetet, von Gereiztheit, Stolz oder Eigenwillen befreit zu werden. Es scheint vergeblich zu sein. Kann es nicht sein, daß du deine eigenen Vorstellungen darüber hattest, wie und in welchem Maße Gott dies tun sollte, und nie auf den Gott der Herrlichkeit gewartet hast, damit Er nach dem Reichtum Seiner Herrlichkeit für dich tun möge, was das menschliche Herz nicht ersonnen hat? Lerne, Gott als einen wunderwirkenden Gott anzubeten, der in dir erweisen möchte, daß Er etwas Übernatürliches und Göttliches schaffen kann. Beuge dich vor Ihm, bis deine Seele wahrnimmt, daß du dich in den Händen eines göttlichen und allmächtigen Schöpfers befindest. Erkläre dich bereit kennenzulernen, was und wie Er wirken will; erwarte es als etwas ganz und gar Gott Gemäßes, etwas, auf das man in tiefer Demut warten muß und das nur durch Seine göttliche Kraft empfangen werden kann. Laß dieses "Und nun, Herr, worauf harre ich? Meine Hoffnung ruht in dir" zum Geist allen Sehnens und jedes Gebets werden. Er wird zu Seiner Zeit Sein Werk tun.

Liebe Seele, im Warten auf Gott magst du oft nahe daran sein, müde zu werden, weil du kaum weißt, was du zu erwarten hast. Ich bitte dich, sei guten Muts - diese Unwissenheit ist oft eines der besten Zeichen. Er lehrt dich, alles in Seinen Händen zu lassen und auf Ihn allein zu warten. "Harre des Herrn, sei getrost und unverzagt und harre des Herrn."

"Meine Seele, warte du nur auf Gott."

Vierzehnter Tag

Warten auf Gott
- der Weg zu einem neuen Lied

*"Geduldig harrte ich des Herrn, er neigte sich zu mir und hörte mein Schreien...Er hat mir ein neues Lied in meinen Mund gegeben, zu loben unsern Gott." (Psalm 40, 2.4)**

Kommt und hört das Zeugnis eines Menschen, der aus Erfahrung von sicheren und gesegneten Ergebnissen des Harrens auf Gott sprechen kann. Wirkliche Geduld ist unserer selbstsicheren Natur so fremd, so unerläßlich für unser Warten auf Gott, ein so wesentliches Element wahren Glaubens, daß wir ruhig noch einmal darüber nachdenken sollten, was dieses Wort uns zu lehren hat.

Es leitet sich vom lateinischen Wort für Leiden ab und legt den Gedanken nahe, wir stünden unter einem Zwang, von dem wir gerne frei wären. Zunächst ordnen wir uns gegen unseren Willen unter; die Erfahrung lehrt uns, daß, wenn Widerstand vergeblich ist, geduldiges Ausharren sich als unser klügstes Verhalten erweist. Im Warten auf Gott ist es von unendlicher Tragweite, daß wir uns nicht nur unterordnen, weil wir dazu gezwungen sind, sondern weil wir liebevoll und freudig einwilligen, in den Händen unseres gepriesenen Vaters zu sein. Dann wird die Geduld zu unserem größten Segen und zur höchsten Gnade. Sie ehrt Gott und gibt Ihm Zeit, Seinen Weg mit uns zu gehen. Sie ist der höchste Ausdruck unseres Glaubens an Seine Güte und Treue. Sie bringt der Seele vollkommene Ruhe in der Gewißheit, daß Gott Sein Werk fortsetzt. Sie ist das Zeichen unserer vollen Zustimmung dazu, daß Gott mit uns auf eine Art und Weise und zu einer Zeit handeln soll, die Er für die richtige hält. Wahre Geduld heißt: unseren Eigenwillen in Seinen vollkommen Willen hinein zu verlieren.

Solche Geduld ist notwendig für wirkliches und völliges Warten auf Gott. Sie ist Produkt und Frucht unserer ersten Lektion in der Schule des Wartens. Manchem wird es seltsam erscheinen, wie schwierig es ist, tatsächlich auf Gott zu warten. Die große Stille der Seele vor Gott, die in ihre eigene Hilflosigkeit versinkt und auf Seine Offenbarung wartet; die tiefe Demut, die sich fürchtet, eigenen Willen oder eigene Kraft ans Werk zu lassen, es sei denn, Gott gibt Wollen und Vollbringen; die Sanftmut, die damit zufrieden ist, nichts zu sein oder zu kennen außer dem Licht, das Gott schenkt; die völlige Absage an den eigenen Willen, die nur Gefäß sein möchte, in dem Sein heiliger Wille sich bewegen und formen kann: alle diese Elemente vollkommener Geduld finden sich nicht sofort. Aber sie werden sich in dem Maße einstellen, wie die Seele ihre Haltung beibehält und immer wieder spricht: "Wahrlich, meine Seele harrt auf Gott; von IHM kommt meine Rettung; nur er ist mein Fels und mein Heil."*

Hast du je bemerkt, welchen Beweis wir in den Worten des Paulus dafür haben, daß die Geduld eine Tugend ist, zu der man besondere Gnade empfängt: *"und ihr werdet gestärkt mit aller Kraft durch seine herrliche Macht zu aller"* - was? - *"Geduld und Langmut."* Ja, wir müssen mit aller Kraft Gottes gestärkt werden - und das nach dem Maß Seiner herrlichen Kraft -, wenn wir auf Gott in völliger Geduld warten sollen. Gott selbst offenbart sich in uns als Leben und Kraft, die uns befähigen, mit absoluter Geduld alles in Seinen Händen zu lassen. Falls einige fast verzweifeln, weil ihnen solche Geduld fehlt, so seien sie guten Muts. Im Verlauf unseres schwachen und unvollkommenen Wartens nämlich stärkt und Gott selbst durch Seine verborgene Kraft und schafft in uns die Geduld der Heiligen, die Geduld Christi.

Hört die Stimme eines Menschen, der sehr versucht wurde: "Geduldig harrte ich des Herrn, er neigte sich zu mir und hörte mein Schreien." Hört, was er durchlebte: "Er zog mich aus der grausigen Grube, aus lauter Schmutz und Schlamm, und stellte meine Füße auf einen Fels, daß ich sicher treten kann. Er hat mir ein neues Lied in meinen Mund gegeben, zu loben unsern Gott.“ Geduldiges Harren auf Gott bringt reichen Lohn; die Befreiung ist sicher; Gott selbst wird ein neues Lied in deinen Mund legen. O Seele, sei nicht ungeduldig, sei es nun bei Gebet oder Anbetung, daß du das Warten schwierig findest, sei es bei einer Verzögerung hinsichtlich bestimmter Anliegen oder bei der Erfüllung deines Herzenswunsches nach einer Offenbarung Gottes in tieferem geistlichem Leben - fürchte dich nicht, sondern ruhe im Herrn und harre geduldig auf Ihn. Und wenn du machmal meinst, Geduld sei nicht deine Gabe, so denke daran, daß *sie* Gottes Gabe *ist*, und nimm dieses Gebet in Anspruch: “Der Herr aber lenke eure Herzen...zur Geduld Christ.“ (2. Thess 3,5) In die Geduld, mit der du auf Gott warten sollst, wird Er selbst dich hineinführen.

“Meine Seele, warte du nur auf Gott.“

Fünfzehnter Tag

Warten auf Gott
- auf Seinen Rat

"Aber sie vergaßen bald seine Werke, sie warteten nicht auf seinen Rat." *(Psalm 106, 13)*

Dies wird im Hinblick auf die Sünde der Israeliten in der Wüste gesagt. Er hatte sie auf wunderbare Weise erlöst und war darauf vorbereitet, ebenso wunderbar jedem ihrer Bedürfnisse zu begegnen. Aber als die Zeit der Not anbrach, "warteten" sie "nicht auf seinen Rat". Sie dachten nicht, daß der allmächtige Gott ihr Führer und Versorger war; sie fragten nicht nach Seinen Plänen. Sie machten sich einfach die Gedanken ihres Herzens und versuchten und forderten Gott mit ihrem Unglauben heraus. "Sie warteten nicht auf seinen Rat."

Wie ist doch dieses zu allen Zeiten die Sünde des Volkes Gottes zewesen. Im Lande Kanaan in den Tagen Josuas waren die einzigen drei Fehlschläge, von denen wir lesen, auf diese eine Sünde zurückzuführen. Beim Vormarsch gegen Ai, beim Bundesschluß mit den Gibeoniten und beim Siedlungsbeginn vor Einnahme des ganzen Landes warteten sie nicht auf Seinen Rat. Ebenso droht dem fortgeschrittenen Gläubigen von dieser feinsinnigsten Versuchung Gefahr: Gottes Wort zu nehmen, seine eigenen Gedanken darüber zu entwickeln uns nicht auf Seinen Rat zu warten. Laßt uns diese Warnung annehmen und sehen, was Israel uns lehrt; und laßt und besonders dies nicht nur als eine Gefahr einschätzen, der der einzelne ausgesetzt ist, sondern als eine, vor der das Volk

Gottes in seiner Ganzheit auf der Hut sein muß.

Unserer gesamte Beziehung zu Gott ist davon bestimmt, daß Sein Wille in uns und durch uns geschehen soll, so wie im Himmel auch. Er hat zugesagt, uns Seinen Willen kundzutun durch Seinen Geist, den Führer in alle Wahrheit. Unsere Haltung muß sein, auf Seinen Rat als die einzige Leitlinie für unsere Gedanken und Handlungen zu warten. In unseren Gottesdiensten, Zusammenkünften, Gebetsversammlungen und Treffen als Verwalter, Leiter, Komitees oder Mitarbeiter an irgendeinem Teil des Werkes Gottes sollte immer unser erstes Ziel sein, Gottes Gedanken kennenzulernen. Gott arbeitet stets gemäß dem Ratschluß Seines Willens; je mehr dieser gesucht, gefunden und geehrt wird, mit desto größerer Sicherheit und Macht wird Gott Sein Werk für uns und durch uns vollbringen.

In allen derartigen Versammlungen ist die Gefahr groß, daß wir unser Vertrauen auf den Besitz der Bibel, vergangene Erfahrungen der Führung Gottes, unser fundiertes Glaubensbekenntnis und den aufrichtigen Wunsch, Gottes Willen zu tun, setzen und nicht bemerken, daß wir bei jedem Schritt himmlische Führung brauchen und haben können. Möglicherweise gibt es Elemente in Gottes Willen, Anwendungsweisen des Wortes Gottes, Erfahrung naher Gegenwart und Führung Gottes, Erweisungen der Kraft Seines Geistes, von denen wir noch nichts wissen. Gott mag willens sein, nein, Gott ist willens, diese den Seelen zu eröffnen, die die Absicht haben, Ihm Seinen Weg ganz zu überlassen, und die geduldig darauf warten möchten, daß Er ihn offenbart. Wenn wir zusammenkommen, um Gott für alles zu loben, was Er getan, gelehrt und gegeben hat, begrenzen wir Ihn möglicherweise zur selben Zeit, weil wir keine größeren Dinge erwarten. Als Gott das Wasser aus dem Felsen geschenkt hatte, vertrauten sie Ihm nicht für Brot. Als Gott Jericho in Josuas Hand gegeben hatte, hielt dieser den Sieg über Ai schon für sicher und wartete nicht auf Rat von Gott. Und so, während wir meinen, die Macht Gottes für das, was wir erwarten dürfen, zu kennen und ihr zu vertrauen, behindern wir Ihn vielleicht, weil wir Ihm keine Zeit einräumen und die Gewohnheit des Wartens auf Seinen Rat nicht wirklich entwickeln.

Ein Geistlicher hat keine ernstere Pflicht, als seine Gemeinde das Warten auf Gott zu lehren. Warum geschah dies im Hause des Kornelius: “Während Petrus noch redete, fiel der Heilige Geist auf alle, die dem Wort zuhörten“? Die hatten gesagt: “Nun sind wir alle hier *vor Gott* versammelt, um alles zu hören, was dir *vom Herrn* befohlen worden ist.“ Wir mögen zusammenkommen, um die ernsteste Auslegung von Gottes Wahrheit zu geben oder zu hören - aber mit nur wenig geistlichem Nutzen, wenn nicht das Warten auf Gottes Rat als Voraussetzung gegeben ist.

Daher müssen wir in all unseren Zusammenkünften an den Heiligen Geist als den Führer und Lehrer der Heiligen Gottes glauben, der sie, wenn sie warten, in die Dinge leitet, die Gott vorbereitet hat und die das Herz nicht ermessen kann. Mehr Stille der Seele, um Gottes Gegenwart wahrzunehmen, mehr Bewußtsein der Unwissenheit im Hinblick auf Gottes mögliche große Pläne, mehr Vertrauen in die Gewißheit, daß Gott uns größere Dinge zu zeigen hat, daß Er selbst in neuer Herrlichkeit offenbar werden wird: dies müssen Kennzeichen der Versammlungen der Heiligen Gottes Sein, wenn sie den Vorwurf vermeiden wollen: “Sie warteten nicht auf seinen Rat.“

“Meine Seele, warte du nur auf Gott.“

Sechzehnter Tag

Warten auf Gott
- und Sein Licht im Herzen

"Ich harre des Herrn, meine Seele harret, und ich hoffe auf sein Wort. Meine Seele wartet auf den Herrn mehr als die Wächter auf den Morgen, mehr als die Wächter auf den Morgen." *(Psalm 130,5.6)*

Mit welch intensiver Sehnsucht wird oft das Morgenlicht erwartet. Von den Matrosen in einem gestrandeten Schiff, von einem unwissenden Reisenden in einem gefahrvollen Land, von einer Armee, die sich vom Feind umzingelt sieht - das Morgenlicht wird zeigen, welche Hoffnung auf Ausweg es vielleicht gibt; der Morgen mag Leben und Freiheit bringen. So sehnten sich auch die Heiligen Gottes in der Dunkelheit nach dem Licht Seines Angesichts, mehr als die Wächter auf den Morgen. Sie sagten: "Meine Seele wartet auf den Herrn mehr als die Wächter auf den Morgen." Können wir das auch sagen? Unser Warten auf Gott kann kein höheres Ziel haben, als einfach den ganzen Tag Sein Licht auf uns, in uns und durch uns scheinen zu lassen.

Gott ist Licht. Gott ist eine Sonne. Paulus sagt: "Denn Gott, der sprach: Licht soll aus der Finsternis hervorleuchten, der ist als heller Schein in unsern Herzen aufgegangen, damit wir erleuchtet werden zur Erkenntnis der göttlichen Herrlichkeit auf dem Angesicht Jesu Christ." Wie die Sonne ihr wunderbares und lebenspendendes Licht auf und in unsere Erde scheint, so gibt Gott in unsere Herzen den Schein Seiner Herrlichkeit, Seiner Liebe in Christus, Seinem Sohn. Unsere

Herzen sind dazu geschaffen, den ganzen Tag von diesem Licht erfüllt und fröhlich zu sein. Dies kann so sein, weil Gott unsere Sonne ist; in der Schrift heißt es: "Deine Sonne wird nicht mehr untergehen..." Gottes Liebe bescheint uns ohne Unterlaß.

Aber können wir uns tatsächlich den ganzen Tag daran freuen? Es ist möglich. Und wie? Laßt die Natur uns Antwort geben. Jene schönen Bäume und Blumen und all das grüne Gras, was tun sie, damit die Sonne ständig auf sie scheint? Nichts; sie genießen einfach wohlig den Sonnenschein, wenn er kommt. Die Sonne ist Millionen von Kilometern entfernt, aber sie überbrückt die ganze Distanz mit dem ihr eigenen Licht und ihrer Freude; die winzigste Blume, die ihre kleine Blüte hochreckt, empfängt denselben Überfluß an Licht und Segen, der auch die weitesten Landschaften durchflutet. Um das Licht für unsere Tagesarbeit brauchen wir uns nicht zu kümmern, die Sonne tut es und versorgt und beleuchtet uns den ganzen Tag. Wir rechnen einfach damit, nehmen es auf und freuen uns daran.

Der einzige Unterschied zwischen Natur und Gnade besteht hierin: was Bäume und Blumen unbewußt machen, während sie den Segen des Lichts trinken, soll bei uns eine freiwillige und liebende Aufnahme sein. Glaube, schlichter Glaube an Gottes Wort und Liebe, soll uns Augen und Herz öffnen, um die unaussprechliche Herrlichkeit Seiner Gnade zu empfangen und zu genießen, Und genau wie die Bäume Tag für Tag, Monat für Monat dastehen und in Schönheit und Fruchtbarkeit hineinwachsen, indem sie einfach nur jeden Sonnenstrahl willkommenheißen, so ist es die höchste Übung unseres christlichen Lebens, lediglich im Lichte Gottes zu bleiben und stillzuhalten, wenn es, wenn Er selbst uns mit Leben und Heiligkeit erfüllt.

Du fragst: "Aber kann es tatsächlich sein, daß ich mich den ganzen Tag an Gottes Licht ebenso natürlich und herzlich erfreuen kann wie an einem hellen, sonnigen Morgen?" Ja, tatsächlich. Von meinem Frühstückstisch blicke ich in ein wunderschönes Tal mit Bäumen, Weingärten und Bergen. In unseren Frühlings- und Herbstmonaten ist das Morgenlicht außergewöhnlich, und fast unbeabsichtigt rufen wir aus: "Wie schön!" Die Frage entsteht, ob es nur das Sonnenlicht ist, das solch andauernde Schönheit und Freude bringen soll. Und gibt es keine Vorsorge dafür, daß das Licht Gottes ebensosehr eine unerschöpfliche Quelle für Freude und Glück ist? Doch, wenn die Seele nur stille sein und auf Gott warten will, NUR GOTT SCHEINEN LÄSST.

Liebe Seele! Lerne, auf den Herrn zu harren mehr als die Wächter auf den Morgen. Alles in dir ist vielleicht sehr dunkel; ist das nicht der beste Grund, auf Gottes Licht zu warten? Die erste Dämmerung mag gerade ausreichen, die Dunkelheit aufzudecken und dich schmerzlich über deiner Sünde zu demütigen. Kannst du dem Licht nicht zutrauen, die Dunkelheit zu vertreiben? Glaube doch, es wird geschehen. Neige dich, gerade jetzt, in Stille vor Gott und warte darauf, daß Er in dich hineinleuchtet. Sprich in demütigem Glauben, daß Gott Licht ist, unendlich heller und schöner als das der Sonne. Gott ist Licht: der Vater. Das ewige, unzugängliche und unfaßliche Licht: der Sohn. Das Licht, konzentriert, verkörpert und manifestiert: der Geist; das Licht, das in unsere Herzen kommt, dort wohnt und leuchtet. Gott ist Licht, ist gegenwärtig und bescheint mein Herz. Ich war so mit dem trüben Licht meiner Gedanken und Bemühungen beschäftigt, daß ich nie die Blenden geöffnet habe, um Sein Licht hereinzulassen. Unglaube hat es ausgesperrt. Ich neige mich im Glauben: Gott, das Licht, leuchtet in mein Herz. Der Gott, von dem Paulus schrieb: "... der ist als heller Schein in unsern Herzen aufgegangen", ist mein Gott. Was dächte ich wohl von einer Sonne, die nicht scheinen könnte? Was soll ich von einem Gott halten, der nicht scheint? Nein, Gott leuchtet! Gott ist Licht! Ich will mir Zeit nehmen, einfach still sein und im Lichte Gottes ausruhen. Meine Augen sind schwach, meine Fenster nicht sauber, aber ich will auf den Herrn harren. Das Licht scheint wirklich und wird in mir scheinen und mich mit Licht füllen. Und ich werde lernen, den ganzen Tag im Licht und der Freude Gottes zu wandeln. Meine Seele harrt auf den Herrn mehr als die Wächter auf den Morgen.

"Meine Seele, warte du nur auf Gott."

Siebzehnter Tag

Warten auf Gott
- in Zeiten der Dunkelheit

"Ich ... will hoffen auf den Herr, der sein Antlitz verborgen hat vor dem Hause Jakob, und will auf ihn harren." (Jesaja 8, 17)

Hier haben wir einen Diener Gottes, der auf den Herrn wartet, nicht um seiner selbst willen, sondern für sein Volk, vor dem Gott Sein Gesicht verbarg. Der Text legt uns nahe, daß unser Warten auf Gott, obwohl es mit unseren persönlichen Nöten beginnt - mit dem Wunsch nach einer Offenbarung Gottes oder der Antwort auf persönliche Bitten -, nicht damit enden muß und sollte. Wir mögen im vollen Licht des Angesichtes Gottes wandeln, und doch mag Gott Sein Antlitz vor Seinen Kindern um uns her verbergen. Weit entfernt davon, sich mit dem Gedanken zufriedenzugeben, dies sei nicht als die gerechte Strafe für ihre Sünde oder die Folge ihrer Gleichgültigkeit, sind wir aufgerufen, in unseren Herzen mitfühlend über ihren traurigen Zustand nachzudenken und ihretwegen auf Gott zu warten. Das Vorrecht des Wartens auf Gott bringt große Verantwortung mit sich. Genau wie Christus, wenn Er in Gottes Gegenwart trat, sofort Seine Stellung des Vorrechts und der Ehre als Fürbitter nützte, so müssen wir nicht weniger - wenn wir wissen, was es wirklich heißt, vor Gott zu treten und zu warten - unseren Zugang für unsere weniger in Gnade stehenden Brüder nutzen. "Ich...will hoffen auf den Herrn, der sein Antlitz verborgen hat vor dem Hause Jakob."

Du gehst zum Gottesdienst in eine bestimmte Gemeinde. Möglicherweise gibt es weder in der Predigt noch in der Gemeinschaft das geistliche Leben oder die Freude, die du dir wünscht. Du gehörst zu einer Kirche mit ihren vielen Versammlungen. Dort gibt es viel Irrtum oder Weltlichkeit, Streben nach menschlicher Weisheit und Bildung oder Vertrauen auf Gebräuche und Vorschriften, so daß du dich nicht wunderst, daß Gott in vielen Fällen Sein Gesicht verbirgt und sich dort nur wenig Kraft für Bekehrung und wahre Auferbauung findet. Dann gibt es Zweige christlicher Arbeit, mit denen du verbunden bist - eine Sonntagschule, ein evangelistischer Dienst, eine Vereinigung junger Männer, ein Missionswerk im Ausland -, in denen das schwache Wirken des Geistes anzudeuten scheint, daß Gott Sein Angesicht verbirgt. Du meinst, auch den Grund dafür zu kennen. Du siehst zu viel Vertrauen auf Menschen und Geld, zu viel Förmlichkeit und Genußsucht; dort finden sich zu wenig Glaube und Gebet, zu wenig Liebe und Demut, zu wenig vom Geist des gekreuzigten Christus. Manchmal hast du das Gefühl, die Dinge seien hoffnungslos; nichts will helfen.

Glaube, daß Gott helfen kann und will. Laß den Geist des Propheten in dich kommen, während du seine Worte abwägst, und entschließe dich, auf Gott um Seiner arbirrenden Kinder willen zu warten. Statt eine Haltung des Richtens oder Verdammens, der Verzagtheit oder Verzweiflung einzunehmen, sei dir deines Rufes bewußt, auf Gott zu warten. Wenn andere dabei versagen, stelle dich selbst doppelt daran. Je tiefer die Dunkelheit, desto größer die Notwendigkeit, den einen einzigen Befreier anzurufen. Je größer das Selbstvertrauen um dich her, das nicht weiß, daß es arm, elend und blind ist, desto dringlicher der Ruf an dich, der du bekennst, das Übel zu sehen und Gehör zu haben bei Ihm, der allein helfen kann, auf deinem Posten zu sein und auf Gott zu warten. Sage bei jeder neuen Gelegenheit, wenn du versucht bist, dich zu äußern oder zu seufzen: "Ich ... will hoffen auf den Herrn, der sein Antlitz verborgen hat vor dem Hause Jakob."

Es gibt einen noch größeren Kreis - die christliche Kirche in der ganzen Welt. Denke an die griechisch orthodoxen,römischkatholischen und protestantischen Kirchen und den Zustand der Millionen, die ihnen angehören. Oder denke nur an die protestantischen Kirchen mit ihren aufgeschlagenen Bibeln und orthodoxen Glaubensbekenntnissen. Wieviel Lippenbekenntnis und Formalität! Wieviel Herrschaft des Fleisches und des Menschen im Tempel Gottes selbst! Und welch ein übermächtiger Beweis, daß Gott tatsächlich Sein Antlitz verbirgt.

Was sollen nun jene tun, die es sehen und beklagen? Das zuerst Notwendige ist dies: "Ich ... will hoffen auf den Herrn, der sein Antlitz verborgen hat vor dem Hause Jakob, und will auf ihn harren." Laßt uns auf Gott harren im demütigen Bekennen der Sünden Seines Volkes und uns hierfür Zeit nehmen. Laßt uns auf Got warten in mitfühlender, liebender Fürbitte für alle Heiligen, unsere geliebten Brüder, wie falsch auch immer ihr Leben und ihre Lehre erscheinen mögen. Laßt uns auf Gott warten in Glauben und Erwartung, bis Er uns zeigt, daß Er hören wird. Laßt uns auf Gott warten mit dem schlichten Angebot unserer selbst an Ihn und dem ernstlichen Gebet, daß Er uns zu unseren Brüdern senden möge. Laßt uns auf Gott warten und Ihm keine Ruhe geben, bis Er Zion zu einer Freude auf Erden macht. Ja, laßt uns im Herrn ruhen und geduldig auf Ihn warten, der jetzt Sein Angesicht vor so vielen Seiner Kinder verbirgt. Und laßt uns vom Erheben Seines leuchtenden Angesichts, das wir für Sein ganzes Volk ersehnen, sagen: "Ich harre des Herrn, meine Seele harret, und ich hoffe auf sein Wort. Meine Seele wartet auf den Herrn, mehr als die Wächter auf den Morgen; mehr als die Wächter auf den Morgen."

"Meine Seele, warte du nur auf Gott."

Achtzehnter Tag

Warten auf Gott
- damit Er sich offenbart

"Und in jenen Tagen wird man sagen, SIEHE, DIES IST UNSER GOTT; wir harrten auf ihn, und er wird uns retten. DIES IST DER HERR; wir harrten auf ihn, wir werden jubeln und fröhlich sein über sein Heil."
*(Jesaja 25,9)**

In diesem Abschnitt finden wir zwei kostbare Gedanken. Den einen, daß es sich hier um den Ausspruch des Volkes Gottes handelt, das gemeinsam auf Ihn gewartet hat; den anderen, daß sich als Frucht seines Wartens Gott in solcher Weise offenbart hat, daß es mit Freude ausrufen konnte: "SIEHE, DIES IST UNSER GOTT, DIES IST DER HERR." Kraft und Segen des gemeinsamen Wartens sind es, die wir lernen müssen.

Bemerkt das zweimalige "wir harrten auf ihn". Zu einer Zeit der Schwierigkeiten waren die Herzen der Menschen zusammengeschlossen worden und, verlassen von aller menschlichen Hoffnung und Hilfe, hatten sie sich einmütig darangemacht, auf ihren Gott zu warten. Ist das nicht, was wir in unseren Gemeinden, Zusammenkünften und Gebetstreffen benötigen? Ist nicht die Not der Kirche und der Welt groß genug, dies erforderlich zu machen? Gibt es nicht in der Kirche Christi Übelstände, denen keine menschliche Weisheit gewachsen ist? Berauben nicht Ritualismus und Rationalismus, Förmlichkeit und Weltlichkeit die Kirche ihrer Kraft? Sehen wir nicht Bildung, Geld und Vergnügungen ihr geistliches

Leben bedrohen? Sind nicht die Mittel der Kirche völlig unzureichend, um mit den Mächten des Unglaubens, der Sünde und des Elends in christlichen Ländern und im Heidentum fertig zu werden? Wurde nicht in der Verheißung Gottes und in der Kraft des Heiligen Geistes schon Vorsorge getroffen, dieser Not zu begegnen und der Kirche die ruhige Gewißheit zu vermitteln, alles zu erfüllen, was Gott von ihr erwartet? Und würde nicht gemeinsames Warten auf Gott für die Ausrüstung mit Seinem Geist ganz gewiß den benötigten Segen herbeiführen? Wir können es nicht bezweifeln.

Das Ziel eines bestimmteren Wartens auf Gott in unseren Zusammenkünften wäre ganz ähnlich wie in der persönlichen Anbetung. Es würde eine tiefere Überzeugung einschließen, Gott müsse und wolle alles tun; eine demütigere und bleibende Erkenntnis unserer großen Hilflosigkeit und das Bedürfnis gänzlichen und unaufhörlichen Abhängigseins von Ihm; ein lebendigeres Bewußtsein, daß das Wesentliche darin besteht, Gott Seine Stellung der Ehre und Macht einzuräumen; eine vertrauensvolle Zuversicht, daß Gott durch Seinen Geist jenen, die auf Ihn warten, das Geheimnis Seiner Annahme und Gegenwart und dann, zur rechten Zeit, die Offenbarung Seiner rettenden Kraft mitteilen wird. Das große Ziel wäre, jeden in einer betenden und lobenden Gemeinschaft in ein starkes Bewußtsein der Gegenwart Gottes zu führen, so daß, wenn man auseinandergeht, das Bewußtsein besteht, Gott selbst begegnet zu sein, jedes Anliegen Ihm überlassen zu haben und nun in Stille zu warten, während Er Sein Heil schafft.

Diese Erfahrung ist es, die unser Text andeutet. Die Erfüllung des Wortes mag sich zuzeiten durch so erstaunliches Eingreifen der Kraft Gottes vollziehen, daß alle in den Ruf einstimmen können: "SIEHE, DIES IST UNSER GOTT, DIES IST DER HERR!" Gleichermaßen mag sie sich in einer besonderen geistlichen Erfahrung einstellen, wenn sich Gottes Volk in den Zeiten des Wartens Seiner Gegenwart so bewußt wird, daß Seelen in heiliger Scheu spüren: "DIES IST UNSER GOTT, DIES IST DER HERR!" Das fehlt leider zu oft in unseren Gottesdiensten. Der gottesfürchtige Pfarrer hat keine schwierigere, keine ernstere und keine gesegnetere Aufgabe, als seine Gemeinde in die Begegnung mit Gott hineinzuführen und, noch bevor er predigt, jeden einzelnen mit Ihm in in Verbindung zu bringen. “Nun sind wir alle hier vor Gott versammelt“ - diese Worte des Cornelius zeigen, wie die Zuhörer des Petrus für das Kommen des Heiligen Geistes vorbereitet waren. Das Warten vor Gott und auf Gott ist die entscheidende Bedingung dafür, daß Gott Seine Gegenwart erweist.

Eine Gruppe von Gläubigen, zusammengekommen in der einen Absicht, auf Gott allein zu warten, die einander dabei durch kleine Pausen der Stille helfen und ihre Herzen öffnen für das, was Gott ihnen an Sünde, von Seinem Willen, an neuen Arbeitsmöglichkeiten oder Methoden in Seinem Werk erschließen möchte, hätte bald Grund zu sagen: “SIEHE, DIES IST UNSER GOTT; wir harrten auf ihn, und er wird uns retten. DIES IST DER HERR; wir harrten auf ihn, wir werden jubeln und fröhlich sein über sein Heil.“*

“Meine Seele, warte du nur auf Gott.“

Neunzehnter Tag

Warten auf Gott
- als auf einen Gott des Gerichts

"Wir warteten auf dich, Herr, auch auf dem Wege deiner Gerichte ... Denn wenn deine Gerichte über die Erde gehen, so lernen die Bewohner des Erdkreises Gerechtigkeit." (Jesaja 26, 8.9)
"... denn der Herr ist ein Gott des Rechts. Wohl allen, die auf ihn harren!" (Jesaja 30, 18)

Gott ist ein Gott des Erbarmens und ein Gott des Gerichts. Erbarmen und Gericht sind in Seinem Handeln immer miteinander verbunden. Bei der Sintflut, der Befreiung Israels aus Ägypten und beim Sieg über die Kanaaniter sehen wir immer Barmherzigkeit inmitten des Gerichts. Hier, wo Sein Volk betroffen ist, sehen wir: das Gericht straft die Sünde, wohingegen die Barmherzigkeit den Sünder rettet. Besser gesagt, Barmherzigkeit rettet den Sünder, nicht trotz, sondern eben durch das Gericht, das seine Sünde traf. Beim Warten auf Gott müssen wir uns davor hüten, dies zu vergessen: Wenn wir warten, müssen wir mit Ihm als einem Gott des Gerichts rechnen.

"Wir warteten auf dich, Herr, auch auf dem Wege deiner Gerichte ..."; das wird sich in unserer inneren Erfahrung bestätigen. Wenn wir aufrichtig sind in unserem Streben nach Heiligkeit und in unserem Gebet, ganz Ihm zu gehören, wird Seine heilige Gegenwart verborgene Sünde aufstören und entdecken und uns sehr in der bitteren Überzeugung erniedrigen, daß unsere Natur schlecht ist, sich im Widerspruch zu Gottes Gesetz befindet und unfähig ist, es zu erfüllen. Dann wird sich bewahrheiten: "Wer kann bestehen am Tage seiner Ankunft, denn er ist wie ein läuterndes Feuer"* "Ach daß du herabführest, daß die Berge vor dir zerflössen."* In großer Barmherzigkeit hält Gott in der Seele über Sünde Gericht, indem Er sie ihre Schlechtigkeit und Schuld fühlen läßt. Manch einer versucht, diesem Richten zu entfliehen; die Seele, die sich nach Gott und Befreiung von Sünde sehnt, beugt sich in Demut und Hoffnung darunter. In der Stille sagt sie: "Erhebe dich, oh Herr, und laß deine Feinde zerstreut werden."* Wir warteten auf dich, Herr, auch auf dem Wege deiner Gerichte."

Niemand, der die gesegnete Kunst des Wartens auf Gott lernen möchte, möge sich wundern, wenn zunächst der Versuch, auf Ihn zu warten, nur mehr von seiner Sünde und Dunkelheit aufdeckt. Niemand soll verzweifeln, weil unbewältigte Sünden, schlechte Gedanken oder große Dunkelheit das Angesicht Gottes zu verdecken scheinen. War nicht in Seinem eigenen geliebten Sohn, dem Geschenk und Mittler Seiner Barmherzigkeit auf Golgatha, die Gnade ebenso verborgen und im Gericht verloren? Oh, unterwirf dich und sinke tief unter das Urteil über jede deiner Sünden; Gericht ebnet den Weg und bricht durch in herrliche Gnade. Es steht geschrieben: "Du sollst versöhnt werden mit Gericht."* Warte auf Gott in dem Glauben, daß Seine zarte Barmherzigkeit in Dir Seine Versöhnung bewirkt mitten in der Verurteilung; warte auf Ihn, Er wird dir gnädig sein.

Noch eine andere Anwendung gibt es, eine von unaussprechlichem Ernst. Wir erwarten, daß Gott auf den Wegen Seiner Gerichte diese Erde heimsucht; wir warten auf Ihn. Welch ein Gedanke! Wir wissen von jenen kommenden Gerichten und wissen, daß es Zehntausende bekennender Christen gibt, die in Sorglosigkeit dahinleben, und die, falls keine Änderung eintritt, unter Gottes Hand vergehen müssen. Oh, sollen wir nicht unser Äußerstes tun, sie zu warnen, mit ihnen und für sie zu flehen, ob Gott ihnen gnädig sein möge? Wenn wir unseren Mangel an Kühnheit, Eifer und Kraft empfinden, sollen wir nicht anfangen, zielgerichteter und ausdauernder auf Gott als einen richtenden Gott zu warten und Ihn bitten, sich so in den Gerichten, die über unsere eigenen Freunde kommen werden, zu offenbaren, daß wir mit einer neuen Furcht Ihm und ihnen gegenüber erfüllt und bewegt werden, zu reden und zu beten wie nie zuvor? Wahrlich, das Warten auf Gott ist nicht als geistliche Selbstbeschaulichkeit gedacht. Sein Ziel ist vielmehr, Gott und Seine Heiligkeit, Christus und die Liebe, die auf Gogatha starb, den Geist und das Feuer, das im Himmel brennt und zur Erde kam, von uns Besitz ergreifen zu lassen, damit wir Menschen mit der Botschaft warnen und wachrütteln, daß wir Gottes auf den Wegen Seiner Gerichte warten. O Christ, beweise, daß du wirklich an den Gott des Gerichts glaubst.

"Meine Seele, warte du nur auf Gott."

Zwanzigster Tag

Warten auf Gott
- der auf uns wartet

"Darum HARRT DER HERR darauf, daß er euch gnädig sei, und er macht sich auf, daß er sich euer erbarme; denn der Herr ist ein Gott des Rechts. Wohl allen, DIE AUF IHN HARREN!" (Jesaja 30, 18)

Wir dürfen nicht nur an unser Warten auf Gott denken, sondern auch - was noch wunderbarer ist - an Gottes Warten auf uns. Der Gedanke an Sein Warten auf uns wird unserem Warten auf Ihn neue Anregung und Inspiriation verleihen. Er wird unaussprechliches Vertrauen schaffen, daß unser Warten nicht vergeblich sein kann. Wenn Er auf uns wartet, können wir sicher sein, daß wir mehr als willkommen sind und Er sich freut, jene zu finden, nach denen Er gesucht hat. Laßt uns bestrebt sein, gerade jetzt, in diesem Augenblick, im Geist demütigen Wartens auf Gott herauszufinden, was das bedeutet. "Darum harrt der Herr darauf, daß er euch gnädig sei." Wir sollen die Botschaft empfangen und zurückrufen: "Wohl *allen, die* ihn harren."

Schau auf und sieh den großen Gott auf Seinem Thron. Er ist Liebe und hat daher den unaufhörlichen und unaussprechlichen Wunsch, Seine Güte und Sein Glück all Seinen Geschöpfen mitzuteilen. Er sehnt sich danach und hat Freude daran zu segnen, Er hat unermeßlich herrliche Absichten mit jedem einzelnen Seiner Kinder, in ihnen durch die Kraft Seines Heiligen Geistes Seine Liebe und Macht zu offenbaren. Er wartet mit der ganzen Sehnsucht eines Vaterherzens, daß Er deiner gnädig sei. Und jedesmal, wenn du kommst, um auf Ihn zu warten, oder dich bemühst, im täglichen Leben die heilige Gewohnheit des Wartens aufrechtzuerhalten, darfst du aufblicken und Ihn sehen, bereit, dir zu begegnen, darauf wartend, dir Gnade zu erweisen. Ja, verbinde jede Übung, jeden Atemzug im Leben des Wartens mit der Glaubensschau deines Gottes, der auf dich wartet.

Wenn du fragst, wie es kommt, daß Er - wenn Er darauf wartet, gnädig zu sein - mir die ersehnte Hilfe nicht bietet, sondern sie länger und länger hinauszögert, auch nachdem ich gekommen bin und auf Ihn warte? Darauf gibt es eine zweifache Antwort. Die eine lautet: Gott ist ein weiser Landmann, "wartet auf die kostbare Frucht der Erde und ist geduldig". Er kann die Frucht nicht ernten, bevor sie reif ist. Er weiß, wann wir geistlich bereit sind, den Segen zu unserem Besten und zu Seiner Ehre zu empfangen. Das Warten im Sonnenschein Seiner Liebe wird die Seele für Seine Segnung reifen lassen. Das Warten unter der Wolke der Versuchung, die sich dann in Segensschauern ergießt, ist ebenso nötig. Sei versichert, falls Gott länger wartet als du wünschst, wird der Segen doppelt kostbar sein. Gott wartete viertausend Jahre, bevor Er Seinen Sohn sandte. Unsere Zeit steht in Seinen Händen; Er wird Seine Erwählten schnell rächen; Er wird uns zu Hilfe eilen und nicht eine Stunde zu lange zögern.

Die andere Antwort weist auf etwas bereits Gesagtes hin. Der Geber ist mehr als die Gabe; Gott bedeutet mehr als der Segen; und wenn wir im Warten auf Ihn gehalten werden, ist dies her einzige Weg, wie wir lernen, unser Leben und unsere Freude *in Ihm selbst* zu finden. Oh, wenn Gottes Kinder nur wüßten, welch ein Vorrecht es ist, mit Ihm in Gemeinschaft verbunden zu sein; dann würden sie sich Seiner freuen. Sogar wenn Er sie warten läßt, würden sie lernen, besser denn je zu verstehen: "Darum harrt der Herr darauf, daß er euch gnädig sei." Sein Warten ist der deutlichtste Beweis für Seine Gnade.

"Wohl allen, die auf ihn harren." Unsere Königin hat ihre Hofdamen, deren Stellung eine der Unterordnung und des Dienstes ist; und doch ist diese als eine von höchster Würde und höchstem Vorrecht angesehen, weil eine weise und gnädige Herrscherin sie zu Gesellschafterinnen und Freundinnen macht. Welche Würde und welches Glück, wartende

Diener des ewigen Gottes zu sein, immer in Bereitschaft für jedes Anzeichen Seines Willens oder Seiner Gunst, immer im Bewußtsein Seiner Nähe, Güte und Gnade. "Der Herr ist gütig denen, die auf ihn harren."* - "Wohl allen, die auf ihn harren." Ja, es ist segensreich, wenn eine wartende Seele und ein wartender Gott sich treffen. Gott kann Sein Werk nicht ohne Sein und unser Warten tun; laßt das Warten genauso unsere Arbeit sein wie die Seine. Wenn Sein Warten nichts als Güte und Gnade bedeutet, dann laßt das unsrige nichts als Jubel über jene Güte und eine vertrauensvolle Erwartung jener Gnade sein. Laßt jeden Gedanken des Wartens für uns schlicht zum Ausdruck unverfälschten und unaussprechlichen Glücks werden, weil er uns zu einem Gott führt, der darauf wartet, sich uns völlig als der Gnädige bekannt zu machen.

"Meine Seele, warte du nur auf Gott."

Einundzwanzigster Tag

Warten auf Gott
- den Allmächtigen

"... aber die auf den Herrn harren, kriegen neue Kraft, daß sie auffahren mit Flügeln wie Adler, daß sie laufen und nicht matt werden, daß sie wandeln und nicht müde werden." *(Jesaja 40, 31)*

Unser Warten wird immer mitbestimmt von unseren Gedanken über den, auf den wir warten. Das Warten auf Gott hängt in hohem Maße von unserem Glauben daran ab, was Er ist. In unserem Text haben wir das Ende eines Abschnitts vor uns, in dem Gott sich selbst als der Ewige und Allmächtige zeigt. Wenn diese Offenbarung in unserer Seele Raum gewinnt, wird das Warten zu einem spontanen Ausdruck dessen, wie wir Ihn kennen - als einen Gott, der unseres Wartens in höchstem Maße würdig ist.

Hört diese Worte: "Warum sprichst du denn, Jakob ...: 'Mein Weg ist dem Herrn verborgen...'?" Warum redest du, als ob Gott nicht hört oder hilft?

"Weißt du nicht? Hast du nicht gehört? Der Herr, der ewige Gott, der die Enden der Erde geschaffen hat wird nicht müde noch matt ..." Weit davon entfernt - "Er gibt dem Müden Kraft und Stärke genug dem Unvermögenden". Sogar den Jungen - "Der Jünglinge Ehre ist ihre Stärke." - "Männer werden müde und matt, und Jünglinge straucheln und fallen;" alles, was der Mensch für stark hält, wird nichtig; "aber die auf den Herrn harren", auf den Ewigen, der nicht müde noch matt wird, "kriegen neue Kraft, daß sie auffahren mit Flügeln wie Adler daß sie laufen" - hört zu, sie werden gestärkt werden mit Gottes Stärke - "und", so wie Er, "*nicht matt werden*, daß sie wandeln und", auch wie Er, "*nicht müde werden.*"

Ja, "daß sie auffahren mit Flügeln wie Adler." Du weißt, was Adlerflügel bedeuten. Der Adler ist der König der Vögel, er schwingt sich am höchsten in den Himmel auf. Gläubige sollen ein himmlisches Leben führen in der direkten Gegenwart, Liebe und Freude Gottes. Sie sollen leben, wo Gott lebt. Um dorthin aufzusteigen, benötigen sie Gottes Kraft. Sie wird denen gegeben, die auf Ihn warten.

Du weißt, wie man Adlerflügel bekommt; nur auf eine Weise: indem man als Adler geboren wird. Du bist aus Gott geboren, du *besitzt* die Flügel eines Adlers. Vielleicht wußtest du es noch nicht und hast sie noch nicht benutzt; aber Gott kann und will dich lehren, sie einzusetzen.

Du weißt, wie Adler den Gebrauch ihrer Flügel erlernen. Sieh jene Klippe, die tausend Fuß aus der See aufragt. Schau hinauf zu dem vorstehenden Felsen, wo sich ein Adlernest mit seinem Schatz von zwei Jungen befindet. Sieh die Vogelmutter, sie kommt und bringt Bewegung in ihr Nest und schiebt mit ihrem Schnabel die verängstigten Vögel über den Abgrund. Schau, wie sie flattern und in die Tiefe fallen. Sieh, "wie sie über ihren Jungen schwebt, ihre Schwingen ausbreitet, die Jungen aufnimmt und auf ihren Flügeln trägt" (5. Mose 32, 11)*, und während sie so auf den Flügeln der Mutter sitzen, bringt sie sie an einen sicheren Ort. Dies tut sie immer wieder, stößt sie jedesmal erneut über den Abgrund, nimmt sie dann wieder auf und trägt sie.

Ja, der Instinkt der Adlermutter war Gottes Gabe, ein einzelner Strahl jener Liebe, mit der der Allmächtige Sein Volk lehrt, wie mit Adlerflügeln aufzusteigen.

Er bringt dein Nest in Bewegung, enttäuscht deine Hoffnungen, macht dein Vertrauen zunichte. Er bringt dich in Furcht und Zittern, wenn all deine Stärke versagt, und du fühlst dich ausgesprochen matt und hilflos. Doch währenddessen breitet Er ständig Seine starken Flügel aus, damit du deine Schwachheit darauf ausruhen kannst, und bietet Seine immerwährende Schöpferkraft zum Werk in dir an. Alles, worum Er dich bittet, ist, daß du in deiner Müdigkeit niedersinken und *auf Ihn warten* sollst; erlaube Ihm, dich in

Seiner Jahwe-Stärke zu tragen, während du auf den Schwingen Seiner Allmacht reitest.

Liebes Kind Gottes! Ich bitte dich, erhebe deine Augen und *sieh deinen Gott*! Höre auf Ihn, der sagt, daß Er nicht müde noch matt wird; der verheißt, daß auch du nicht matt noch müde werden sollst; der um nichts weiter bittet als um dies eine, daß du *auf Ihn wartest*. Angesichts eines solchen Gottes, so mächtig, so treu, so sanft, laß deine Antwort sein:

"Meine Seele, warte du nur auf Gott."

Zweiundzwanzigster Tag

Warten auf Gott
- der sichere Segen

"Da wirst du erfahren, daß ich der Herr bin, an dem nicht zuschanden werden, die auf mich harren." (Jesaja 49,23b)
"Wohl allen, die auf ihn harren." (Jesaja 30, 18b)

Welche Verheißungen! Wie sehr möchte Gott uns zum Warten auf Ihn durch die unbedingte Versicherung bewegen, daß es nie vergeblich sein kann: "Die auf mich harren, sollen nicht zuschanden werden"*. Wie eigenartig, daß wir, obwohl wir dies schon oft erfahren haben sollten, doch so langsam lernen, daß dies gesegnete Warten unser eigentlicher Lebensatem sein muß und kann, ein beständiges Ruhen in Gottes Gegenwart und Liebe, ein unaufhörliches Sichihmüberlassen, damit Er Sein Werk in uns vollende. Laßt es uns noch einmal hören und überdenken, bis unser Herz mit neuer Überzeugung sagt: "*Wohl allen*, die auf ihn harren". In unserer Betrachtung für den sechsten Tag fanden wir im Gebet des 25. Psalms: "Laß keinen, der auf dich harrt, zuschanden werden." Gerade dies Gebet zeigt, wie wir fürchten, daß es doch eintreten könnte. Laßt uns auf Gottes Antwort hören, bis jede Furcht gebannt ist und wir die Worte zum Himmel zurücksenden, die Gott spricht; ja, Herr, wir glauben, was du sagst: "*Alle, die* auf mich harren, sollen *nicht* zuschanden werden."* - "Wohl *allen, die* auf ihn harren."

Der Kontext jedes dieser beiden Abschnitte weist uns auf Zeiten hin, in denen sich die Kirche Gottes in großer Not befand und es aus menschlicher Sicht keine Möglichkeiten zur

Befreiung gab. Aber Gott tritt mit Seinem Wort der Verheißung dazwischen und verpflichtet sich mit Seiner allmächtigen Kraft zur Befreiung Seiner Kinder. Und als der Gott, der selbst das Werk zu ihrer Versöhnung unternommen hat, lädt Er sie ein, auf Ihn zu warten, und versichert ihnen, Enttäuschung sei unmöglich. Auch wir leben in einer Zeit, in der vieles am Zustand der Kirche mit ihrem Zeugnis und ihrer Förmlichkeit unbeschreiblich traurig ist. Inmitten von allem, wofür wir Gott preisen, gibt es leider viel zu beklagen. Hätten wir nicht Gottes Verheißungen, könnten wir wohl verzweifeln, Aber in Seinen Zusagen hat sich der lebendige Gott selbst uns gegeben und verbunden. Er ruft uns, auf Ihn zu warten, und versichert uns, daß wir nicht beschämt werden. Oh, daß unsere Herzen lernen möchten, vor Ihm zu warten, bis Er selbst uns erschließt, was Seine Verheißungen bedeuten, und sich in ihnen in Seiner verborgenen Herrlichkeit offenbart. Wir werden unwiderstehlich zum Warten auf Ihn allein hingezogen werden. Gott möge die Zahl derer vergrößern, die sagen: "Unsre Seele harrt auf den Herrn; er ist uns Hilfe und Schild."

Dies Warten auf Gott um Seiner Kirche und Seines Volkes willen wird stark davon abhängen, welchen Platz das Warten auf Ihn in unserem persönlichen Leben eingenommen hat. Der Verstand mag oft wunderschöne Vorstellungen haben von dem, was Gott zu tun versprochen hat, und die Lippen mögen davon in bewegenden Worten sprechen, doch beides ist nicht wirklich der Maßstab unseres Glaubens oder unserer Kraft. Nein; sondern was wir tatsächlich in persönlicher Erfahrung mit Gott erleben, wie Er die inneren Feinde besiegt, herrscht und regiert, sich in Seiner Heiligkeit und Kraft in unserem Innersten offenbart - dies wird das wahre Maß des geistlichen Segens sein, den wir von Ihm erwarten und unseren Mitmenschen weitergeben. Wenn wir erkannt haben, wie segensreich das Warten auf Gott für unsere eignen Seelen geworden ist, werden wir vertrauensvolle Hoffnung haben, daß der Segen auf die Kirche um uns her kommt, und das Schlüsselwort für alle unsere Erwartungen wird die Verheißung sein: "Alle, die auf mich harren, werden nicht zuschanden."* Ausgehend von dem, was Er in uns getan hat, werden wir Ihm zutrauen, mächtige Dinge um uns herum zu wirken. "Wohl allen, die auf ihn harren." Ja, gesegnet sind sie, sogar jetzt, während des Wartens. Die verheißenen Segnungen für uns selbst oder für andere mögen sich verzögern, das unaussprechliche Glück, den zu kennen und zu haben, der sie verheißen hat, den göttlichen Segenspender, die lebendige Quelle der kommenden Segnungen, ist schon jetzt unser. Laßt doch diese Wahrheit ganz Besitz von eurer Seele ergreifen, daß das Warten auf Gott in sich schon das höchste Vorrecht des Geschöpfes ist, das größte Glück Seines erlösten Kindes.

So wie der Sonnenschein mit Licht und Wärme, Schönheit und Segen in jeden kleinen Grashalm dringt, der aus der kalten Erde aufwächst, so begegnet der ewige Gott in der Größe und Zartheit Seiner Liebe jedem wartenden Kind, um in dessen Herz zu leuchten mit dem "Licht der Herrlichkeit Gottes im Angesicht Jesu Christi" *. Lies diese Worte immer wieder, bis dein Herz lernt zu erkennen, was Gott für dich zu tun beabsichtigt. Wer kann den Unterschied zwischen der großen Sonne und dem kleinen Grashalm ermessen? Und doch bekommt das Gras soviel Sonne, wie es braucht und aufnehmen kann. Glaube doch daran, daß im Warten auf Gott Seine Größe und deine Kleinheit zueinander auf wunderbarste Weise passen und sich begegnen. Neige dich einfach in Leere, Armut und völliger Unfähigkeit, in Demut und Sanftmut und unterstelle dich Seinem Willen vor Seiner großen Herrlichkeit und sei stille. Während du auf Ihn wartest, kommt Gott nahe. Er wird sich als der Gott offenbaren, der auf mächtige Weise jede Seiner Verheißungen erfüllen will; und laß dein Herz immer wieder das Lied aufnehmen: "Wohl allen, die auf ihn harren."

"Meine Seele, warte du nur auf Gott."

Dreiundzwanzigster Tag

Warten auf Gott
- für unerwartete Dinge

"Kein Ohr hat gehört, kein Auge hat gesehen einen Gott außer dir, der so wohl tut denen, die auf ihn harren."
(Jesaja 64, 3)

Dieser Vers wird in 1. Kor. 2,9 in anderer Form benutzt: "Was kein Auge gesehen hat und kein Ohr gehört hat und in keines Menschen Herz gekommen ist, was Gott bereitet hat denen, die ihn lieben." Damit liegt die Betonung auf den *Dingen*, die der Heilige Geist offenbaren soll - und in unserer Betrachtung halten wir uns daran.[1]

Die vorhergehenden Verse, besonders von Kap. 63,15 an, beziehen sich auf den beklagenswerten Zustand des Volkes Gottes.

"So schau nun vom Himmel" (V.15) "Warum läßt du ... unser Herz verstocken, daß wir dich nicht fürchten? Kehr zurück um deiner Knechte willen" (V.17) rief man aus im Gebet und in Vers 19 und 64,1 noch dringlicher: "Ach daß du den Himmel zerrissest und führest herab ... wie Feuer Wasser sieden macht, daß dein Name kund würde unter deinen Feinden!" Darauf folgte die Erinnerung an die Vergangenheit: "Als du fürchtbare Dinge tatest, die wir nicht erwarteten, fuhrst du hernieder, daß die Berge in deiner Gegenwart zerflossen."* "Denn" - dies ist nun der Glaube, der erweckt wurde durch den Gedanken an unerwartete Dinge, Er ist

[1]Dieser Abschnitt des Originaltextes wurde stärker bearbeitet und gekürzt, weil A. Murray dort auf englischsprachige Übersetzungen des Leitverses eingeht.

immer noch derselbe Gott - "kein Ohr hat gehört, kein Auge hat gesehen, was er bereitet hat denen, die auf ihn harren."* Gott allein weiß, was Er für Sein wartendes Volk tun kann. Hierzu erläutert Paulus: "So weiß auch niemand, was in Gott ist, als allein der Geist Gottes." - "Uns aber hat es Gott offenbart durch seinen Geist ..."

Die Not des Volkes Gottes und der Ruf nach Seinem Eingreifen sind in unseren Tagen genauso dringend wie zur Zeit Jesajas. Heute gibt es, wie auch damals und zu allen Zeiten, einen Rest von Menschen, der Gott von ganzem Herzen sucht. Aber wenn wir die Christenheit insgesamt und den Zustand der Kirche Christi betrachten, haben wir unendlich viel Grund, Gott anzuflehen, den Himmel zu zerreißen und herniederzukommen. Nur ein besonderes Eingreifen allmächtiger Kraft wird nützen. Ich fürchte, wir haben keine rechte Vorstellung davon, wie die sogenannte christliche Welt in den Augen Gottes aussieht. Wenn nicht Gott herabkommt, "wie Feuer Wasser sieden macht, daß sein Name kund würde unter seinen Feinden", bleibt unser Arbeiten verhältnismäßig fruchtlos. Schau auf den Dienst der Geistlichen - wieviel wird in Menschenweisheit und literarischer Bildung durchgeführt, wie wenig Erweisung des Geistes und der Kraft gibt es. Denke an die Einheit des Leibes - wie wenig zeigt sich dort die Kraft einer himmlischen Liebe, die Gottes Kinder zusammenbindet. Denke an Heiligkeit, die Heiligkeit, die Christi Demut angenommen hat und sich der Welt als gekreuzigt betrachtet - wie wenig bemerkt die Welt, daß sie Männer unter sich hat, die in Christus im Himmel leben und in denen Christus und der Himmel leben.

Was ist zu tun? Nur das eine. Wir müssen auf Gott warten. Und zu welchem Zweck? Wir müssen mit einem nie endenden Schrei ausrufen: "Ach daß du den Himmel zerrissest und führest herab, daß die Berge vor dir zerflössen ..." Wir müssen wünschen und glauben, müssen bitten und erwarten, daß Gott unerwartete Dinge tun wird. Wir müssen unseren Glauben auf einen Gott richten, von dem Menschen nicht wissen, was Er denen bereitet hat, die auf Ihn warten. Der wunderwirkende Gott, der all unsere Erwartungen übertreffen kann, muß der Gott unseres Vertrauens sein.

Ja, Gottes Kinder mögen ihre Herzen öffnen, um auf einen

Gott zu warten, der weit mehr über das hinaus tun kann, was wir bitten oder verstehen können. Als Seine Erwählten wollen wir uns zusammenschließen, um Ihn Tag und Nacht anzuflehen für Dinge, die Menschen nicht gesehen haben. Er ist fähig, sich zu erheben und Seinem Volk einen Namen und ein Lob auf der Erde zu schaffen. "Darum harrt der Herr darauf, daß er euch gnädig sei ... Wohl allen, die auf ihr harren."

"Meine Seele, warte du nur auf Gott."

Vierundzwanzigster Tag

Warten auf Gott
- um Seine Güte kennenzulernen

*"Der Herr ist gütig denen, die auf ihn harren. (Klagelieder 3,25)**

"Keiner ist gut außer Gott."* "Seine Güte ist im Himmel."* "Wie groß ist deine Güte, Herr, die du bewahrt hast denen, die dich fürchten." - "Schmecket und sehet, wie freundlich der Herr ist!" Hier nun ist der wahre Weg dazu, in die Güte Gottes einzudringen und sich ihrer zu freuen: auf Ihn warten. Der Herr ist gütig, auch wenn Seine Kinder es oft nicht wissen, weil sie nicht in Stille darauf warten, daß Er es offenbart. Aber für jene, die ausdauernd warten, deren Seelen wirklich warten, wird es sich bewahrheiten. Man mag denken, daß gerade diejenigen, die warten müssen, dies bezweifeln. Das trifft jedoch nur zu, wenn sie nicht warten, sondern ungeduldig werden. Die wirklich Wartenden werden alle sagen müssen: "Der Herr ist gütig denen, die auf ihn harren."* Möchtest du die Güte Gottes in ganzem Ausmaß kennenlernen? Dann gib dich mehr als je zuvor zu einem Leben des Wartens auf Ihn hin.

Bei unserem ersten Eintritt in die Schule des Wartens auf Gott ist unser Herz hauptsächlich auf die erwarteten Segnungen ausgerichtet. Gott benutzt in Seiner Gnade unsere Not und unser Verlangen nach Hilfe, um uns zu etwas Höherem zu erziehen, als wir uns vorgestellt haben. Wir suchten Gaben; Er, der Geber, sehnt sich danach, sich selbst zu geben und unsere Seele mit Seiner Güte zu sättigen. Eben aus diesem Grund hält Er oft die Gaben zurück und läßt die Zeit des Wartens lang werden. Die ganze Zeit über ist Er bemüht, das Herz Seines Kindes für sich zu gewinnen. Er wünscht, daß wir nicht nur sagen. "Wie gut ist Gott", wenn Er uns eine Gabe gibt, sondern daß wir lange bevor sie kommt, und selbst wenn sie nie kommt, allezeit erleben sollen: *es ist gut*, daß ein Mensch still wartet; denn "der Herr *ist gütig* denen, die auf ihn harren."*

Wie gesegnet wird dann das Leben des Wartens, nämlich beständig im Glauben anzubeten, Seine Güte zu verehren und ihr zu vertrauen. Indem die Seele dessen gesegnetes Geheimnis lernt, wird jede Handlung oder Übung im Warten einfach zu einem stillen Eingehen in die Güte Gottes, um diese dann ihr segensreiches Werk durchführen und alle unsere Not ausfüllen zu lassen. Jede Erfahrung der Güte Gottes verleiht dem Werk des Wartens neue Anziehungskraft, und statt nur zur Zeit der Not Zuflucht zu suchen, entwickeln wir ein großes Bedürfnis, ohne Unterlaß und den ganzen Tag hindurch zu warten. Wie immer auch Pflichten und Termine Zeit und Gedanken beanspruchen, wird die Seele doch mehr und mehr mit der verborgenen Kunst des beständigen Wartens vertraut. Das Warten wird zu einer Gewohnheit und Haltung, ja, zur zweiten Natur und zum Atem der Seele.

Lieber Christ! Beginnst du nicht zu sehen, daß Warten nicht nur eine in einer Reihe von christlichen Tugenden darstellt, an die man von Zeit zu Zeit denken soll, sondern daß es eine Haltung zum Ausdruck bringt, die die eigentliche Wurzel des christlichen Lebens ist? Es gibt unserem Gebet und unserer Anbetung, unserem Glauben und unserer Hingabe höheren Wert und neue Kraft, weil es uns in unveränderlicher Abhängigkeit mit Gott verbindet. Und es schenkt uns eine ungebrochene Freude an der Güte Gottes: "Der Herr ist gütig denen, die auf ihn harren."

Laßt mich euch noch einmal dazu drängen, Zeit und Mühe auf euch zu nehmen, dieses so sehr benötigte Element des christlichen Lebens zu pflegen. Wir empfangen zu viel Religion aus zweiter Hand durch die Lehre von Menschen. Sie hat großen Wert, wenn sie uns zu Gott selbst hinführt, genau wie die Predigt Johannes des Täufers seine Jünger von sich selbst weg zu Christus wies. Was unser geistliches Leben braucht, ist - *mehr von Gott*. Viele von uns sind zu sehr mit ihrem Dienst beschäftigt. Genau wie bei Martha trennt uns eben der Dienst, den wir dem Meister tun wollen, von Ihm; das ist weder Ihm wohlgefällig noch für uns nutzbringend. Je mehr Arbeit, desto dringlicher die Notwendigkeit, auf Gott zu warten; das Ausführen von Gottes Willen wäre dann, statt uns zu erschöpfen, für uns Essen und Trinken, Ernährung, Erfrischung und Stärkung. "Der Herr ist gütig denen, die auf ihn harren" - wie gütig, das können nur die sagen, die es im Warten auf Ihn erlebt haben; wie gütig, davon können nur die berichten, die Ihn bis zum Äußersten erprobt haben.

"Meine Seele, warte du nur auf Gott."

Fünfundzwanzigster Tag

Warten auf Gott
- in Stille

*"Es ist gut, daß ein Mensch hofft und still auf die Hilfe des Herrn wartet." (Klagelieder 3, 26)**

"Habt acht, seid stille, fürchtet euch nicht und seid nicht mulos."* - "... durch Stillesein und Hoffen würdet ihr stark sein." Solche Worte eröffnen uns den Zusammenhang zwischen Stille und Glauben und machen uns deutlich, welch tiefes Bedürfnis nach Stille als einem Element echten Wartens auf Gott besteht. Wenn wir unser ganzes Herz auf Gott gerichtet halten sollen, müssen wir es weggewendet haben von uns als Geschöpf, von allem, was uns beschäftigt und interessiert, sei es Freude oder Sorge.

Gott ist ein Wesen von solch unendlicher Größe und Herrlichkeit, und unsere Natur ist Ihm so entfremdet, daß wir unser ganzes Herz und Wünschen auf Ihn richten müssen, um Ihn auch nur in geringem Maße zu kennen und zu empfangen. Alles, was nicht von Gott ist und bei uns Furcht oder Anstrengung hervorruft, unsere Hoffnungen weckt oder uns froh macht, behindert uns in unserem völligen Warten auf Ihn. Die Botschaft enthält eine tiefe Wahrheit: "Habt acht, seid stille, fürchtet euch nicht und seid nicht mutlos."* - "Durch Stillesein würdet ihr stark sein." - "Es ist gut, daß ein Mensch still wartet."

Die Schrift gibt in reichem Maße Zeugnis, wie uns der bloße Gedanke an Gott in Seiner Majestät und Heiligkeit zum Schweigen bringen sollte. "Aber der Herr ist in seinem heiligen

Tempel. Es sei vor ihm stille alle Welt.“ (Hab 2,20) “Seid stille vor Gott dem Herrn...“ (Zef 1, 7) “Alles Fleisch sei stille vor dem Herrn; denn er hat sich aufgemacht von seiner heiligen Stätte!“ (Sach 2, 17) Solange man das Warten auf Gott hauptsächlich als Mittel für wirksameres Beten und die Erlangung unserer Bitten ansieht, wird dieser Geist völliger Stille nicht erreicht. Aber wenn man erkennt, daß das Warten auf Gott in sich selbst unaussprechliches Glück birgt, eine der höchsten Formen der Gemeinschaft mit dem Heiligen darstellt, wird die Anbetung Gottes in Seiner Herrlichkeit die Seele notwendigerweise in heilige Stille demütigen und dabei den Weg vorbereiten, daß Gott spricht und sich offenbart. Dann tritt die Erfüllung der kostbaren Verheißung ein, daß das Ich und alle eigenen Bemühungen gedemütigt werden sollen: “Der Stolz des Menschen wird erniedrigt, und der Herr allein soll an jenem Tag erhöht werden.“*

Möge jeder, der die Kunst des Wartens auf Gott erlernen möchte, die Lehre in Erinnerung behalten: “Habt acht, seid stille.“ - “Es ist gut, daß ein Mensch still wartet.“ Nimm dir Zeit, dich von allen Freunden und Pflichten, allen Sorgen und Freuden zu trennen, Zeit, um ruhig und still vor Gott zu sein. Nimm dir Zeit, nicht nur, um die Stille von Menschen und der Welt sicherzustellen, sondern auch von deinem Ich und seiner Energie. Laß dir Wort und Gebet sehr kostbar sein; aber denke daran, daß sogar sie das stille Warten behindern können. Die Tätigkeit der Gedanken beim Bibelstudium oder ihr Ausdruck im Gebet, die Aktivitäten des Herzens mit seinen Wünschen, Hoffnungen und Ängsten, können uns so beschäftigen, daß wir nicht zum stillen Warten auf den Herrlichen kommen; unser ganzes Wesen ist ausgestrecht in Stille vor Ihm. Obwohl es zunächst vielleicht schwierig erscheint zu lernen, so in Stille zu warten, während die Aktivitäten der Gedanken und des Herzens eine Zeitlang ruhiggestellt sind, wird jedes Bemühen darum belohnt. Wir werden feststellen, daß es in uns wächst, und die kurze Zeit stiller Anbetung wird Frieden und Ruhe vermitteln, die nicht nur im Gebet, sondern während des ganzen Tages Segen ausstrahlen.

“*Es ist gut*, daß ein Mensch still auf die Hilfe des Herrn wartet.“ Ja, es ist gut. Die Stille ist das Bekenntnis unseres Unvermögens. Mit all unserem Wollen und Rennen, mit all unserem Denken und Beten ist es nicht getan, wir müssen von Gott empfangen. Sie ist das Bekenntnis unseres Vertrauens, daß unser Gott uns zu Seiner Zeit zu Hilfe kommen wird - das stille Ruhen in Ihm allein. Wir bekennen unseren Wunsch, tief in unser Nichts zu versinken und Ihn wirken und sich offenbaren zu lassen. Laßt uns doch in Stille warten. Möge im täglichen Leben in der Seele, die darauf wartet, daß der große Gott Seine wunderbares Werk tut, eine stille Ehrfurcht, ein beständiges Wachen gegen zu tiefgehende Beschäftigung mit der Welt herrschen; dann wird die gesamte Persönlichkeit den schönen Prägestempel erhalten: stilles Warten auf die Hilfe des Herrn.

“Meine Seele, warte du nur auf Gott.“

Sechsundzwanzigster Tag

Warten auf Gott
- in heiliger Erwartung

"Ich aber will auf den Herrn schauen und harren auf den Gott meines Heils; mein Gott wird mich erhören."
(Micha 7, 7)

In einem kleinen Büchlein mit dem Titel 'Expectation Corners' findet ihr eine der besten Predigten über unseren Text. Sie erzählt von einem König, der für einige seiner armen Untertanen eine Stadt errichtete. Nicht weit davon entfernt standen große Lagerhäuser, wo allen Bedürfnissen dieser Menschen begegnet werden konnte, wenn sie nur ihre Bitten einschickten - unter der einen Bedingung allerdings: daß sie nach der Antwort Ausschau halten sollten, so daß sie, wenn die Botschafter des Königs mit der Antwort auf ihre Bitten kämen, immer wartend und empfangsbereit vorgefunden würden. Die traurige Geschichte erzählt von einem Kleinmütigen, der nie damit rechnete zu bekommen, um was er gebeten hatte, weil er sich für zu unwürdig hielt. Eines Tages wurde er in die königlichen Lagerhäuser geführt und sah dort zu seinem Erstaunen alle Pakete, die für ihn gepackt, mit seiner Anschrift versehen und abgeschickt worden waren. Dort war das Kleid des Lobpreises, das Freudenöl, die Augensalbe und so vieles mehr. Man war an seiner Tür gewesen, hatte sie aber verschlossen gefunden, er war nicht auf seinem Posten. Von jener Zeit an lernte er die Lektion, die Micha uns heute lehren will: "Ich aber will auf den Herrn schauen und harren auf den Gott meines Heils; mein Gott wird mich erhören."

Mehr als einmal haben wir gesagt: das Warten auf die Beantwortung unseres Gebets allein macht nicht das gesamte Warten aus, sondern nur einen Teil. Heute wollen wir die segensreiche Wahrheit in uns aufnehmen: es ist nicht nur ein Teil, sondern ein sehr wichtiger. Wenn wir besondere Anliegen haben, um derentwillen wir auf Gott warten, muß es sehr deutlich in der vertrauensvollen Sicherheit geschehen: "Mein Gott wird mich erhören." Eine heilige, freudige Erwartung ist das eigentliche Herzstück echten Wartens. Dies gilt nicht nur im Hinblick auf viele verschiedene Bitten, die jeder Gläubige vorzubringen hat, sondern ganz besonders hinsichtlich der einen großen Bitte, die das Hauptanliegen jedes Herzens für sich selbst sein sollte: daß das LEBEN GOTTES in der Seele volle Herrschaft haben möge, daß Christus in uns ganz Gestalt gewinnt und wir erfüllt werden zu aller Fülle Gottes. Eben dies hat Gott verheißen. Das ist es, was Gottes Volk zu wenig sucht, sehr oft, weil es solches nicht für möglich hält. Wir sollten es suchen und zu erwarten wagen, weil Gott in der Lage ist un schon darauf wartet, es in uns zu bewirken.

Aber GOTT SELBST muß das tun. Aus diesem Grund muß unsere eigene Arbeit aufhören. Wir müssen erkennen, wie es ganz allein der Glaube des Handelns Gottes sein muß, der Jesus von den Toten auferweckt hat - genau wie die Auferstehung auch die Vervollkommung des Lebens Gottes in unseren Seelen unmittelbar Sein Werk sein muß. Das Warten soll mehr denn je ein Verweilen vor Gott in der Stille der Seele werden, ein Rechnen mit Ihm, der Tote auferweckt und Dinge in Existenz ruft, die noch nicht sind.

Beachtet, wie der dreifache Gebrauch des Namens Gottes in unserem Text auf Ihn als denjenigen weist, dem allein unsere Erwartung gilt. "Ich aber will auf DEN HERRN schauen und harren auf DEN GOTT MEINES HEILS; MEIN GOTT wird mich erhören." Alles, was zum Heil gehört, alles Gute und Heilige, muß Gottes direktes mächtiges Werk in uns sein. In jedem Augenblick eines Lebens im Willen Gottes muß Sein unmittelbares Wirken vorhanden sein. Und das eine, was ich zu tun habe, ist dies: auf den Herrn zu schauen, auf den Gott meines Heils zu warten und an der vertrauensvollen Gewißheit festzuhalten: "Mein Gott wird mich erhören."

Gott sagt: "Seid stille und erkennet, daß ich Gott bin."

Nichts ist der Grabesstille gleich. Im Grab Jesu, in der Gemeinschaft Seines Todes, im Tod des Ichs mit seinem eigenen Willen und seiner Weisheit, mit seiner eigenen Stärke und Energie - da gibt es Ruhe. Wenn wir uns vom Ich lösen, und unsere Seelen stille zu Gott werden, wird Gott sich erheben und zeigen. "Seid stille und erkennet", dann sollt ihr wissen, "daß ich Gott bin". Keine Stille ist wie jene, die Jesus vermittelt, wenn Er spricht: "Friede, seid stille."* In Christus, in Seinem Tod und *in Seinem Leben,* in Seiner vollbrachten Erlösung, vermag die Seele stille zu sein, und Gott wird eingehen, Besitz ergreifen und Sein vollkommenes Werk tun.

"Meine Seele, sei du nur stille zu Gott."

Siebenundzwanzigster Tag

Warten auf Gott
- auf Erlösung

"... Simeon...war gerecht und gottesfürchtig und wartete auf den Trost Israels; und der Heilige Geist war bei ihm." - "... eine Prophetin, Hanna...sprach von ihm zu allen, die auf die Erlösung Jerusalems warteten."
(Lukas 2, 25.36.38)

Hier haben wir das Kennzeichen eines wartenden Gläubigen. Er war *gerecht*, d.h. rechtschaffen in seinem ganzen Verhalten; *gottesfürchtig*, d.h. Gott hingegeben, beständig in Seiner Gegenwart wandelnd; *und wartete auf den Trost Israels*, er hielt Ausschau nach der Erfüllung der Verheißungen Gottes; *und der Heilige Geist war bei ihm.* Im gottesfürchtigen Warten war er auf den Segen vorbereitet worden. Simeon war nicht der einzige; Hanna sprach zu allen, die auf die Erlösung Jerusalems warteten. Dies war das wesentliche Merkmal einer frommen Gruppe von Männern und Frauen in Jerusalem inmitten von Formalismus und Weltlichkeit. Sie warteten auf Gott und hielten Ausschau nach Seiner verheißenen Erlösung.

Nun, wo der Trost Israels gekommen und die Erlösung vollbracht ist, müssen wir immer noch warten? Ja, tatsächlich. Aber werden wir, die wir auf dieses Geschehen zurückblicken, nicht ganz anders warten als jene, die sich noch danach sehnten? Gewiß, und zwar besonders in zweierlei Hinsicht. Wir warten heute auf Gott in der vollen Kraft der Erlösung; und wir warten auf ihre vollständige Offenbarung.

Unser Warten geschieht jetzt in der vollen Kraft der

Erlösung. Christus sprach: "An jenem Tage werdet ihr wissen, daß ihr *in mir* seid. Bleibet in mir."* Die Briefe lehren uns, uns Gott mit der Überzeugung zu präsentieren, "daß ihr der Sünde gestorben seid und für Gott lebt *in Christus Jesus*", "mit allem geistlichen Segen in der himmlischen Welt durch Christus" gesegnet. Unser Warten auf Gott darf nun in dem wunderbaren, durch den Heiligen Geist in uns gewirkten und aufrechterhaltenen Bewußtsein geschehen, daß wir in dem Geliebten angenommen sind, daß die Liebe, die auf Ihm ruht, auch auf uns ruht, daß wir in dieser Liebe leben, in der eigentlichen Nähe und Gegenwart und im Blickfeld Gottes. Die Heiligen alter Zeit stellten sich auf das Wort Gottes; in unserem Warten und Hoffen ruhen wir ebenso darauf - aber oh, unter welch größeren Vorrechten als solche, die wir mit Christus Jesus eins sind. Laßt in unserem Warten auf Gott unsere Zuversicht hierin bestehen: in Christus haben wir Zugang zum Vater. Wie sicher dürfen wir daher sein, daß unser Warten nicht vergeblich sein kann.

Unser Warten unterscheidet sich auch darin, daß, während jene auf die kommende Erlösung warteten, wir sie schon vollendet sehen und nun auf ihre Offenbarung *in uns* warten. Christus sagte nicht nur: "Bleibet in mir", sondern sprach auch von "*ich in euch*". Die Briefe reden nicht nur von uns *in Christus*, sondern von Christus *in uns* als dem höchsten Geheimnis der versöhnenden Liebe. Wenn wir unseren Platz in Christus tagtäglich bewahren, wartet Gott darauf, Ihn in uns auf solche Art darzustellen, daß Er in uns Gestalt gewinnt, daß Seine Gesinnung, Haltung und Sein Charakter Gestalt und Wesen in uns annehmen, so daß jeder in Wahrheit sagen kann: "Christus lebt in mir."

Meine Leben in Christus dort oben im Himmel und Christi Leben in mir hier unten auf der Erde - diese beiden ergänzen einander. Je mehr mein Warten auf Gott von dem lebendigen Glauben *'ich in Christus'* gekennzeichnet ist, desto mehr dürstet das Herz nach Christus in mir und beansprucht ihn. Das Warten auf Gott, welches mit besonderen Nöten und Gebet begann, wird sich mehr und mehr, soweit mein persönliches Leben betroffen ist, auf dies eine konzentrieren: "Herr, offenbare Deine Erlösung im mir vollständig; laß Christus in mir leben."

Unser Warten unterscheidet sich von dem der Heiligen alter Zeit in der Stellung, die wir einnehmen, und den Erwartungen, die wir hegen. Aber an der Wurzel ist es dasselbe: das Warten auf Gott, auf den allein unsere Erwartung gerichtet ist.

Lernt von Simeon und Hanna eine Lektion. Wie völlig unmöglich war es für sie, irgend etwas zur großen Erlösung beizutragen, zur Geburt Christi oder Seinem Tod. *Es war Gottes Werk. Sie konnten nichts tun als warten.* Sind wir ebenso absolut hilflos im Hinblick auf die Offenbarung Christi in uns? Wir sind es tatsächlich. Gott erwirkte nicht die große Versöhnung in Christus als Ganzes und überließ dann uns ihre Anwendung im Detail.

Der unterschwellige Gedanke, daß dies doch der Fall sei, ist die Wurzel all unserer Schwäche. Die Offenbarung Christi und die tägliche Offenbarung in jedem einzelnen Gläubigen - Schritt für Schritt und Augenblick für Augenblick - ist genauso ein Werk der Allmacht Gottes wie die Geburt oder Auferstehung Christi. Ehe diese Wahrheit uns nicht durchdringt und füllt, und wir spüren, daß wir von Gott für jeden Augenblick unseres Lebens in der Freude der Erlösung ebenso abhängig sind wie jene in ihrem Warten auf sie, wird unser Warten auf Gott nicht seinen vollen Segen bringen. Das Gefühl völliger und absoluter Hilfosigkeit, das Vertrauen, daß Gott alles tun kann und wird: dies müssen die Kennzeichen unseres wie ihres Wartens sein. So herrlich, wie sich Gott ihnen als der treue und wunderwirkende Gott erwiesen hat, wird Er es bei uns tun.

“Meine Seele, warte du nur auf Gott.“

Achtundzwanzigster Tag

Warten auf Gott

- auf das Kommen Seines Sohnes

"... und seid den Menschen gleich, die auf ihren Herrn warten..." (Lukas 12,36)
"... bis zum Erscheinen unseres Herrn Jesus Christus, das wird uns zur rechten Zeit der Selige und allein Gewaltige schauen lassen, der König aller Könige und Herr aller Herren..." (1. Timotheus 6, 14.15)
*"Wie ihr euch von den Götzen zu Gott bekehrt habt, um dem lebendigen und wahren Gott zu dienen und seinen Sohn vom Himmel her zu erwarten." (2. Thessalonicher 1, 9.10)**

Das Warten auf Gott im Himmel und auf Seinen Sohn vom Himmel hat Gott zusammengefügt und kein Mensch kann beide Aspekte trennen. Auf Gottes Gegenwart und Kraft im täglichen Leben zu warten, wird die einzig wirkliche Vorbereitung für das Warten auf Christus in Demut und wahrer Heiligkeit darstellen. Das Warten auf Ihn, der vom Himmel kommt, um uns dorthin zu holen, wird dem Warten auf Gott seine wahre Qualität der Hoffnung und Freude verleihen. Der Vater, der zu Seiner Zeit Seinen Sohn vom Himmel offenbaren wird, ist der Gott, der uns, während wir auf Ihn warten, schon darauf vorbereitet. Das gegenwärtige Leben und die zukünftige Herrlichkeit sind untrennbar in Gott und in uns verbunden.

Manchmal besteht die Gefahr, sie zu trennen. Es ist immer leichter, sich mit der Religion der Vergangenheit oder Zukunft zu befassen, als der Religion der Gegenwart treu zu sein. Wenn wir betrachten, was Gott in der Vergangenheit getan hat oder in Zukunft tun wird, weichen wir möglicherweise dem persönlichen Anspruch der gegenwärtigen Pflicht und der Unterordnung unter Seiner Wirken aus. Das Warten auf Gott muß immer zum Warten auf Christus als der herrlichen Vollendung Seines Werks führen, und das Warten auf Christus muß unsere ständige Erinnerung sein an die Pflicht des Wartens auf Gott als unserem einzigen Beweis, daß das Warten auf Christus im Geist und in der Wahrheit geschieht. Wie groß ist die Gefahr, mehr mit zukünftigen Dingen beschäftigt zu sein als *mit Ihm*, der kommen soll. Für Vorstellungskraft, Verstand und menschliche Findigkeit gibt es eine solche Bandbreite in den Studien über künftige Ereignisse, daß allein tief demütiges Warten auf Gott uns davor bewahren kann, Interesse und Freude an intellektuellen Studien für die wahre Liebe zu Ihm und Seinem Kommen zu halten. Alle, die ihr sagt, ihr wartet auf die Wiederkunft Christi, *stellt sicher, daß ihr jetzt auf Gott wartet*. Alle, die ihr auf Gott warten möchtet, damit Er jetzt in euch Seinen Sohn offenbart, sorgt dafür, daß ihr es als solche tut, die auf die Offenbarung des Sohnes vom Himmel warten. Die Hoffnung auf dieses herrliche Erscheinen wird euch stärken im Warten auf Gott für das, was Er jetzt in euch tun soll. Dieselbe mächtige Liebe, die jene Herrlichkeit offenbaren soll, wirkt gerade jetzt in dir, um dich dafür bereit zu machen.

Die "seligmachende Hoffnung" und " das Erscheinen der Herrlichkeit des großen Gottes und unseres Heilandes Jesus Christus" ist eines der stärksten Bindeglieder der Kirche Gottes durch alle Zeiten. "Wenn er an jenem Tage kommen wird, um inmitten seiner Heiligen verherrlicht und im Kreis all derer bewundert zu werden, die zum Glauben gekommen sind", dann werden wir alle einander begegnen, und die Einheit des Leibes Christi wird in ihrer göttlichen Herrlichkeit erkennbar sein. Das wird der Treffpunkt und Triumph göttlicher Liebe sein, wenn Jesus die Seinen empfängt und sie dem Vater präsentiert. Dann werden die Seinen Ihm begegnen und in sprachloser Liebe Sein gesegnetes Angesicht anbeten, und sie werden einander begegnen in der Überschwenglichkeit Gottes eigener Liebe. Laßt uns die Ankunft unseres Herrn und himmlischen Bräutigams erwarten, ersehnen und lieben. Zarte Liebe zu Ihm und zueinander ist der echte und einzige Braut-

Geist.

Ich fürchte sehr, daß dies manchmal vergessen wird. Ein geliebter Bruder in Holland sprach einmal von der Glaubenserwartung als dem wahren Kennzeichen der Braut. Ich wagte einen Zweifel zu äußern. Eine unwürdige Braut, die vor der Hochzeit mit einem Prinzen steht, mag vielleicht nur über die Stellung und die Reichtümer nachdenken, die sie empfangen wird. Die Erwartung des Glaubens ist vielleicht stark, doch an wahrer Liebe mangelt es völlig. Nicht wenn wir stark mit prophetischen Themen beschäftigt sind, sondern wenn wir uns in Demut und Liebe eng an unsern Herrn und unsere Brüder halten, dann nehmen wir den Platz der Braut ein. Jesus weigert sich, unsere Liebe anzunehmen, wenn sie nicht auch Seinen Jüngern gilt. Warten auf Sein Kommen bedeutet Warten auf die zukünftige herrliche Manifestation der Einheit des Leibes, während wir uns hier bemühen, diese Einheit in Demut und Liebe aufrechtzuerhalten. Jene, die am meisten lieben, sind am besten für Sein Kommen vorbereitet. Liebe zueinander ist Leben und Schönheit Seiner Braut, der Kirche.

Und wie soll dies alles geschehen? Geliebtes Kind Gottes! Wenn du nur lerntest, richtig auf Seinen Sohn vom Himmel zu warten und gerade jetzt im Warten auf Gott in Himmel zu leben. Erinnere dich, wie Jesus im beständigen Warten auf Gott lebte. Er konnte nichts aus sich selbst tun. Gott war es, der Seinen Sohn durch Leiden vollkommen machte und Ihn dann erhöhte. Nur Gott allein kann dir das tiefe geistliche Leben eines Menschen geben, der wirklich auf Seinen Sohn wartet; warte dafür auf Gott. Das Warten auf Christus selbst ist, oh, so anders als das Warten auf Dinge, die sich ereignen mögen. Letzteres kann jeder Christ, ersteres aber muß Gott täglich durch Seinen Heiligen Geist in dir bewirken. Deshalb, alle, die ihr auf Gott wartet, schaut nach Seiner Gnade aus, um auf Seinen Sohn im Himmel zu warten im Geist, der vom Himmel kommt. Und ihr, die ihr auf Seinen Sohn warten möchtet, wartet beständig auf Gott, damit Er Christus in euch offenbare.

Er schenkt diese Erfahrung denen, die auf Ihn warten, und sie ist die wirkliche Vorbereitung für das völlige Offenbarwerden Christi in Herrlichkeit.

"Meine Seele, warte du nur auf Gott."

Neunundzwanzigster Tag

Warten auf Gott
- auf die Verheißung des Vaters

"Und während er mit ihnen zusammen aß, befahl er ihnen, Jerusalem nicht zu verlassen, sondern auf die Verheißung des Vaters zu warten..."
(Apostelgeschichte 1, 4)

Als wir von den Heiligen in Jerusalem zur Zeit Christi Geburt, von Simeon und Hanna sprachen sahen wir, daß, obwohl die von ihnen erwartete Erlösung bereits gekommen ist, der Aufruf zum Warten heute nicht weniger dringlich ist als damals. Wir warten auf die vollständige Offenbarung dessen in uns, was zu ihnen kam, sie aber kaum erfassen konnten. Ebenso ist es mit dem Warten auf die Verheißung des Vaters. Einerseits kann die Erfüllung nie wieder so wie zu Pfingsten eintreten. Andererseits - und dies in genau derselben tiefen Realität wie bei den ersten Jüngern - müssen wir täglich auf den Vater warten, damit Er Seine Verheißung in uns erfüllt.

Der Heilige Geist ist keine Person, die sich vom Vater unterscheidet, wie das bei zwei Menschen auf Erden der Fall ist. Vater und Geist sind nie für sich allein oder getrennt voneinander. Der Vater ist immer im Geist; der Geist wirkt nichts als was der Vater in Ihm bewirkt. In jedem Augenblick ist derselbe Geist, der in uns ist, auch in Gott, und der, der am meisten voll des Geistes ist, wird der erste sein, äußerst ernsthaft auf Gott zu warten, damit Er weiter Seine Verheißung erfüllt und ihn am inwendigen Menschen noch bestärkt. Der Geist in uns ist keine Kraft zu unserer freien

Verfügung. Auch ist Er nicht eine unabhängi ohne den Vater und den Sohn handelt. De *wirkliche und lebendige Gegenwart und Kraft* in uns wirkt. Deshalb eben wartet derjenige, we in sich weiß, auf den Vater für die volle Of Erfahrung dessen, was das Innewohnen des G damit dieser vermehrt und überreich werde.

Seht dies in den Aposteln. Zu Pfingsten wur Geist erfüllt. Als sie nicht lange danach vo zurückkehrten, wo man ihnen das Predigen und erneut um Kühnheit beteten, in Sein sprechen, erfüllte sich die Verheißung des Vat ein neues Herabkommen des Heiligen Geiste

In Samaria waren durch das Wort und bekehrt worden, und die ganze Stadt war voll Gebet der Apostel hin bestätigte der Vater e Verheißung. Ebenso geschah es für die Warte wir alle hier vor Gott versammelt“) im Haus und auch in Apostelgeschichte 13: Als M Heiligen Geistes, beteten und fasteten, wurde des Vaters neu erfüllt und die Weisung d Himmel gegeben: “Sondert mir aus Barnab

So finden wir auch im Epheserbrief, daß betet, die mit dem Geist versiegelt sind, Gott Geist der Erleuchtung zuteilwerden lassen; möge ihnen nach dem Reichtum Seiner Herrli durch den Geist am inwendigen Menschen ge

Der Geist zu Pfingsten war nicht etwas, Himmel versagte, und was Er deshalb vom Erde wegschickte. Gott gibt nichts auf die kann es nicht. Wenn Er Gnade, Stärke ode dann tut Er es, indem Er selbst sich hingibt, e das ist untrennbar mit Ihm verbunden. V Heilige Geist; Er ist Gott, gegenwärtig und wi wahre Stellung, in der wir auf diese una wirkung zählen können, ist die, daß wir, bereits Empfangene, immer noch ohne Unt ten, daß die Verheißung des Vaters noch werden möge.

Welche neue Bedeutung und Verheißu

Dreißigster T

Warten auf G

- beständi

*“Darum wende dich zu deinem Gott und Recht und warte beständig au (Hosea 12,6)**

Fortdauer ist eines der wesentlichen brich sie für eine einzige Stunde im Le stirbt er. Beständigkeit, ungebrochen legend für ein gesundes Christenlebe Augenblick, daß ich dem entspreche, und was in Seinen Augen wohlgefälli mich dazu zu machen; ich, der ich das tut. Wenn das Warten auf Gott tatsäch Frömmigkeit gehört, muß ein Geist beständig aufrechterhalten werden. D beständig auf deinen Gott“ muß a werden. Es mag Zeiten besonderen Haltung und Gewohnheit der Seele z unveränderlich und ununterbrochen se

Dies stetige Warten ist tatsächlich Denen, die mit einem schwachen Christe erscheint es als Luxus, der über das hin guten Christen wesentlich ist. Aber alle wie: “Herr, mache mich so heilig, wie ei sein kann. Halte mich so nahe bei Dir, wi mich so mit Deiner Liebe, wie Du willst!“ etwas ist, was man haben muß. Sie emp ungebrochene Gemeinschaft mit Gott, kein völliges Bleiben in Christus, keinen beständigen Sieg über Sünde oder Bereitschaft zum Dienst geben kann ohne das stetige Warten auf den Herrn.

Das beständige Warten ist möglich. Viele meinen, aufgrund der Pflichten des Lebens stehe es außer Frage. Sie können nicht immer daran denken. Selbst wenn sie es möchten, vergessen sie es.

Sie verstehen nicht, daß es sich um eine Herzensangelegenheit handelt; und das, was das Herz erfüllt, nimmt es ein, auch wenn die Gedanken mit anderem befaßt sind. Ein Vaterherz kann ständig mit intensiver Liebe und Sehnsucht nach der kranken Frau oder einem Kind in der Ferne erfüllt sein, auch wenn dringliche Geschäfte seine Gedanken in Anspruch nehmen. Wenn *das Herz* gelernt hat, wie absolut machtlos es ist, sich auch nur für einen Augenblick zu bewahren oder Gutes hervorzubringen, wenn es gelernt hat, wie sicher und wahrhaft Gott es bewahren will, wenn es in Selbstverzweiflung Gottes Verheißung angenommen hat, das Unmögliche zu tun, dann lernt es, in Gott zu ruhen, und kann inmitten von Beschäftigungen und Versuchungen stetig warten.

Dies Warten ist eine Verheißung. Gottes Befehle sind Befähigungen; alle Gebote im Evangelium sind Verheißungen, eine Offenbarung dessen, was Gott für uns tun will. Wenn du zuerst anfängst, auf Gott zu warten, geschieht es mit häufigen Unterbrechungen und Versagen. Aber glaube, daß Gott währenddessen über dir in Liebe wacht und dich im Stillen stärkt. Es gibt Zeiten, in denen das Warten wie ein Zeitverlust erscheint: es ist jedoch keiner. Das Warten, auch in Augenblicken der Dunkelheit, ist unbewußter Fortschritt, weil du es mit Gott zu tun hast und Er in dir wirkt. Gott, der dich auffordert, auf Ihn zu warten, sieht deine schwachen Bemühungen und ist in dir am Werk. Dein geistliches Leben ist in keinerlei Hinsicht dein eigenes Werk; ebensowenig wie du es angefangen hast, kannst du es fortsetzen. Gottes Geist ist es, der das Werk des Wartens auf Gott in dir begonnen hat. Er wird dich zu beständigem Warten befähigen. Solchem begegnet Gott und belohnt es durch Sein ständiges Wirken.

Wir kommen zum Ende unserer Betrachtungen. Ich

wünschte, du und ich lernten die eine Lektion: Gott muß, Gott wird stetig handeln. Er handelt seit jeher beständig, aber die Erfahrung dessen wird durch Unglaube behindert. Doch Er, der dich durch Seinen Geist lehrt, ständig zu warten, wird dir auch die Erfahrung vermitteln, wie Er, als der Ewige, Sein Werk nie aufhören läßt. In der Liebe, dem Leben und dem Werk Gottes kann es keinen Bruch, keine Unterbrechung geben.

Begrenze Gott nicht hierin durch deine eigenen Gedanken über das, was erwartet werden darf. Richte deine Augen auf diese eine Wahrheit: in Seinem eigentlichen Wesen kann Gott als der alleinige Geber des Lebens *nicht anders handeln, als in jedem Augenblick in Seinem Kind zu wirken*. Sieh nicht nur die eine Seite: "Wenn ich stetig warte, wird Gott stetig handeln." Nein, betrachte auch die andere; räume Gott den ersten Platz ein und sage: "Gott wirkt ständig, und ich darf jeden Augenblick ohne Unterlaß auf Ihn warten." Nimm dir Zeit, bis das Bild deines ständig, ohne einen Moment Unterbrechung handelnden Gottes dein Dasein erfüllt. Dein stetiges Warten wird sich dann von selbst einstellen. Voller Vertrauen und Freude wird die heilige Gewohnheit der Seele sein: "Auf dich warte ich *den ganzen Tag*."* Der Heilige Geist wird dich immer in einer Haltung ständigen Wartens bewahren.

"Meine Seele, warte du nur auf Gott."

Einunddreißigster Tag

Warten auf Gott
- nur auf Ihn

"Meine Seele, warte du nur auf Gott; meine Hoffnung steht zu ihm, er nur ist mein Fels und mein Heil."
*(Psalm 62, 5.6)**

Es ist möglich, beständig auf Gott zu warten, aber nicht *nur* auf Ihn; andere geheime Sicherheiten mögen dazwischentreten und den erwarteten Segen verhindern. Und so muß das Wort "*nur*" hinzutreten und sein Licht auf den Pfad der Fülle und des Segens werden. "Meine Seele, warte du *nur* auf Gott, er *nur* ist mein Fels."

Ja, "meine Seele, warte du nur auf Gott." Nur einen Gott gibt es, nur eine Quelle des Lebens und des Glücks für das Herz; Er *nur* ist mein Fels; meine Seele, warte du *nur* auf Ihn. Du hast den Wunsch, gut zu sein. "Niemand ist gut außer Gott", und nichts kann gut sein, als was man unmittelbar von Ihm empfängt. Du hast dich bemüht, heilig zu sein: "Niemand ist heilig außer dem Herrn", und es gibt keine Heiligkeit außer der, die Sein Geist der Heiligkeit jeden Augenblick in dich hineinlegt. Du würdest gerne für Gott und Sein Königreich, für Menschen und ihre Errettung leben. Höre, wie Er sagt: "Der Herr, der ewige Gott, der die Enden der Erde geschaffen hat, wird nicht müde noch matt...Er gibt dem Müden Kraft, und Stärke genug dem Unvermögenden...die auf den Herr harren, kriegen neue Kraft..." Nur Er ist Gott, nur Er ist dein Fels: "Meine Seele, warte du nur auf Gott."

"Meine Seele, warte *du* nur auf Gott." Du wirst nicht viele finden, die dir hierbei helfen können. Du wirst genug Brüder haben, die dich veranlassen wollen, dein Vertrauen auf Kirchen und Lehrmeinungen, auf Schemata, Pläne und menschliche Hilfe, in Gnadenmittel und göttliche Berufungen zu setzen. Aber "meine Seele, warte du nur auf Gott." Seine heiligsten Berufungen werden zum Fallstrick, wenn man Vertrauen in sie setzt. Die eherne Schlange wird zu Nehuschtan, Arche und Tempel eine eingebildete Sicherheit. Laß allein den lebendigen Gott, niemanden und nichts außer Ihm, deine Hoffnung sein.

"Meine Seele, warte du nur auf Gott." Augen, Hände, Füße, Sinn und Verstand müssen vielleicht stark mit den Pflichten des Lebens befaßt sein. "*Meine Seele*, warte du nur auf Gott." Du bist ein unsterblicher Geist, nicht für diese Welt geschaffen, sondern für die Ewigkeit und für Gott. Oh, meine Seele, mach dir deine Bestimmung bewußt. Erkenne dein Vorrecht, und "warte du *nur auf Gott*." Laß nicht das Interesse an frommen Gedanken und Übungen dich betrügen; sie nehmen oft den Platz des Wartens auf Gott ein. Meine Seele, warte *du*, ja, du selbst, dein innerstes Wesen mit all seiner Kraft, "warte du nur auf Gott." Gott ist für dich, du bist für Gott; warte nur auf Ihn.

Ja, "meine Seele, warte du *nur* auf Gott." Hüte dich vor deinen beiden großen Feinden - der Welt und dem Selbst. Gib acht, daß nicht irgendeine irdische Befriedigung oder Vergnügung, wie unschuldig sie auch erscheint, dich davon abhält zu sagen: "Ich will zu meinem Gott gehen, meiner äußersten Freude." Rufe dir in Erinnerung und studiere, was Jesus zur Selbstverleugnung bemerkte: "Der Mensch verleugne sich selbst." Tersteegen sagt: "Die Heiligen verleugnen sich selbst in allem." Das eigene Ich mit kleinen Dingen zu erfreuen, bestärkt es möglicherweise darin, für sich größere Dinge in Anspruch zu nehmen. "Meine Seele, warte du *nur* auf Gott." Laß Ihn dein ganzes Heil und Wünschen sein. Sage stets und mit ungeteiltem Herzen: "Meine Hoffnung steht zu ihm, er nur ist mein Fels; ich werde nicht wanken." Was immer deine geistliche oder irdische Not, dein Wunsch oder Herzensgebet, dein Interesse in Verbindung mit Gottes Werk in der Kirche oder der Welt sein mag - in Einsamkeit oder der Hast der Welt, im Gottesdienst oder anderen Versammlungen der heiligen, "meine Seele, warte du *nur* auf Gott". Laß deine Hoffnung nur